SARAH SCHOCKE · LOTTE REINHARDT

Mittsommer, Lagerfeuer und Blaubeerkuchen

Skandinaviens Glücksgeheimnisse

GOLDMANN
Lesen erleben

Buch

Skandinavien steht für einen Lebensstil, der glücklich macht: behagliche Stuben, verwunschene Gärten, Beeren sammeln, Marmelade kochen, Socken stricken, Blumenkränze winden. Ein Sehnsuchtsort, der nach Zimtschnecken und frischem Gras duftet und Geborgenheit schenkt; wo Tradition, Menschen und Natur im Einklang miteinander sind. Die beiden Autorinnen entführen uns in diese Welt und teilen ihre »skandinavischen Glücksgeheimnisse«. Ein wunderbares Buch voller kreativer Ideen – mit Rezepten für Körper und Seele, um sich ein Stück nordische Glückseligkeit nach Hause zu holen.

Die Autorinnen

Sarah Schocke studierte Ökotrophologie. Als Redakteurin bei einem renommierten Ratgeberverlag betreute sie mehrere Jahre Bücher zum Thema gesunde Ernährung, bevor sie sich als Fachjournalistin und Buchautorin mit dem Schwerpunkt Ernährung und Genussküche selbständig machte.

Lotte Reinhardt ist gebürtige Dänin, Gründerin der Kochschule »Kochmal« in Berlin, Lehrerin und passionierte Hobbybäckerin.

SARAH SCHOCKE · LOTTE REINHARDT

Mittsommer, Lagerfeuer und Blaubeerkuchen

Skandinaviens Glücksgeheimnisse

GOLDMANN

Die deutsche Originalausgabe erschien 2014 unter dem Titel
»Leben und Kochen wie in Bullerbü. Nordische Ideen und Rezepte vom Lande«
im Kailash Verlag, München.

1. Auflage
Vollständige und aktualisierte Taschenbuchausgabe Mai 2019

Umschlaggestaltung: UNO Werbeagentur, München
Umschlagmotive: STOCKSY/Svanberggrath
SSt • Herstellung: cb
Satz: Satzwerk Huber, Germering
Druck: DZS Grafik d. o. o., Ljubljana
Printed in Slovenia
ISBN 978-3-442-22281-0

www. goldmann-verlag.de

Inhalt

Sommer

Herbst

Winter

*»Wir Kinder von Bullerbü haben
es Weihnachten so wunderbar schön.
Wir haben es natürlich auch sonst schön, im Sommer
und im Winter, im Frühling und im Herbst.
Oh, wie haben wir es schön in Bullerbü.«*

ASTRID LINDGREN: »WIR KINDER AUS BULLERBÜ«

Lagom ist schwedisch und bedeutet so viel wie »gerade richtig«. Und »gerade richtig« ist eine positive Lebenseinstellung, die nicht auf das Große, Besondere wartet, sondern zufrieden ist mit dem, was und wie es ist. Typisch nordisch? Vielleicht. Zumindest gelten die Skandinavier als die glücklichsten Menschen – ausgeglichen, bescheiden, maßvoll. Das ist möglicherweise bereits der Kern der skandinavischen Glücksgeheimnisse. Hinzu kommt, dass es die Skandinavier gerne ruhig angehen lassen. Eine ausgeglichene Work-Life-Balance ist wichtig, die Familie steht an erster Stelle. Dieser »Trend«, wenn man ihn denn so nennen mag, ist auch zu uns herübergeschwappt und hat sich ein nettes Mäntelchen namens »Hygge« angezogen. Hygge bedeutet, sich Zeit nehmen – für Familie und Freunde, gutes Essen, schöne Dinge. Hygge bedeutet aber auch genießen können, Geborgenheit und schließlich auch: Zufriedenheit. Hygge und Lagom ergänzen sich also prima und führen auf den Pfad des nordischen Glücks.

Und wenn wir uns das so recht anschauen, dann sind Zufriedenheit, das rechte Maß und sich Zeit nehmen Dinge, die auch in anderen Kontexten beim Glücklichsein helfen. Wer also die Nase voll hat vom ewigen Streben nach Höher, Schneller, Weiter, der findet auf den nächsten Seiten Ideen und Inspirationen für mehr kleine und große Glücksmomente. Blaubeerkuchen etwa oder am lodernden Feuer sitzen und den knackenden Holzscheiten lauschen.

Sarah Schocke & Lotte Reinhardt

Frühling

*»Papa war dabei, Laub in unserem Garten
zu verbrennen, und wir, die Osterhexen, liefen dort herum
und sprangen über die knisternden, brennenden Laubhaufen
und spielten, dass wir auf dem Hexentanzplatz wären.
Es roch richtig nach Frühling in unserem Garten,
denn so riecht es, wenn man Laub verbrennt.«*

ASTRID LINDGREN
»DIE KINDER AUS BULLERBÜ«

Im **Frühling** erwacht alles zu neuem Leben. Aus der Erde sprießen zarte Pflänzchen, die Menschen strömen nach draußen und genießen die ersten Sonnenstrahlen in Cafés, im Garten, auf der Terrasse ... plötzlich wimmelt es von Leben. Und auch kulinarisch kommt wieder mehr Abwechslung auf den Tisch. Legte der Winter eine Art Dornröschenschlaf über die nordische Küche, währenddessen es vorwiegend Kohl und Rüben gab, küsst der Frühling diese nun wach. Spargel, Rhabarber, Kräuter, Salat und Radieschen bringen frisches Grün und volles Aroma auf den Teller.

DIE LIEBE ZUR NATUR

Es fällt schwer, die Natur nicht zu lieben, wenn man im Norden unterwegs ist. Sogar im bevölkerungsreichen Südschweden wird man von ihr förmlich eingesogen, sobald man diese nördlichen Gefilde betritt. Saftige Wiesen, auf denen die eine oder andere Kuh grast, rauschende Meeresfluten, tiefe Wälder – allein der Anblick lässt einen zur Ruhe kommen. Und je weiter man gen Norden gelangt, umso beeindruckender wird dieses Naturschauspiel, umso menschenleerer werden die Gegenden. Zwischen schroffen Felsen, tiefblauen Seen und einer artenreichen Flora und Fauna hat man plötzlich viel Zeit mit sich, denn auch der Empfang für Internet und Telefon ist nicht der beste. Das bedeutet weniger Ablenkung und führt sozusagen zu einer Zwangsruhe, die Balsam für gestresste Körper und Seelen ist. Ich fragte auch Lotte, wie sie als jetzige Berlinerin und »echtes« Nordlicht zur Natur steht: »Ich denke nicht, dass ich besonders naturverbunden bin, aber ich vermisse die Möglichkeit, am Strand spazieren zu gehen, einfach baden gehen zu können und auch mal alleine zu sein, wenn mir danach ist – in der Stadt ist man so selten allein. Für mich ist es etwas Besonderes, am Strand entlangzuspazieren und vom Wind fast umgehauen zu werden. Das ist wie total neu Luft zu holen – frische Luft, die man bis ganz tief in die Zehen spürt. Dann fühlt man, dass wir nur ein ganz kleiner Teil vom großen Ganzen sind.«

Doch manchem Städter kann die Schönheit nordischer Natur auch leicht zu viel werden, wenn die Wellen laut an den Strand klatschen oder die Wildnis einen fast zu verschlucken droht. Aber diese Gedanken steigen meist nur anfänglich auf, wenn man aus der gewohnten hektischen, lauten Welt herausgerissen wird. Man muss auch gar nicht besonders naturverbunden sein, um innere Ruhe zu finden, es reicht einfach, in der Natur zu sein, und der Rest kommt von allein. Die Menschen aus dem Norden gelten von Natur aus als gelassen. In Dänemark lautet das Lebensmotto: *»Tag det roligt!«* (»Nimm's gelassen!«). Das könnte aber auch für die anderen nordischen Länder gelten. In Schweden etwa zeigt sich die Gelassenheit bereits auf der Straße.

Außerorts zuckelt man mit maximal 80 Stundenkilometern durch die Lande, auf der Autobahn mit 120. So hat man Zeit, die Landschaft zu genießen, und Ärger über zu langsame Autofahrer, die die Straße blockieren und einen nicht schnell genug vorankommen lassen, kommt so kaum auf. Auch bei den Öffnungszeiten lassen es die Schweden recht gemütlich angehen. In mancher ländlichen Kleinstadt beginnt das öffentliche Leben erst Punkt zehn Uhr. Schlendert man vorher durch die Straßen, kommt es einem auch werktags so vor, als wäre es Sonntag. Hier und da bekommt man vielleicht Brötchen, und vereinzelt haben Cafés geöffnet. Aber erst Punkt zehn Uhr geht es richtig los. Alle Türen öffnen sich, aus Cafés und Bars dringen Musik und Gelächter auf die Straßen, die mit einem Mal voller Menschen sind. Und die Freunde und Familien, die sich zum Frühstücken verabredet haben, fallen erst dann in die Lokale ein.

Schlafen Schweden gerne länger? Sogar auf den Märkten, auf denen in Deutschland bereits um fünf Uhr morgens die Stände aufgebaut werden und um acht Uhr die besten Sachen bereits weg sind, starten sie hier später. Um neun Uhr wird langsam aufgebaut, und um zehn kommen dann die Besucher. Ob es daran liegt, dass die Landbevölkerung zuvor noch andere Aufgaben erledigt, oder ob sie es einfach gemütlicher angehen lassen, bleibt ein Geheimnis.

Wilder Kissenbezug

Um einen nordischen Kissenbezug zu gestalten, gibt es zwei einfache Techniken: entweder die Serviettentechnik oder der Einsatz von Bügelfolie. Für beides benötigen Sie einen weißen Kissenbezug, der auf Ihr Lieblingskissen passt.

Serviettentechnik: Besorgen Sie sich eine schlichte Serviette mit einem Elch, einem Fuchs oder einem anderen Wildtier oder Naturmotiv, bestenfalls in Schwarz-Weiß. Außerdem benötigen

Sie speziellen Textilkleber für Serviettentechnik (Bastelladen), einen Pinsel, Baumwollvlies oder Dauerbackfolie und ein Bügeleisen. Schneiden Sie die Serviette ggf. auf den Umriss des Motivs zu, entfernen Sie sämtliche Schichten der Serviette, bis nur noch die bedruckte Fläche übrig bleibt. Verteilen Sie ausreichend Klebstoff auf die Fläche des Kissens, an der das Bild zu sehen sein soll. Legen Sie die Serviette darüber, und drücken Sie sie fest an. Dann verteilen Sie mit dem Pinsel, von der Mitte ausgehend, ausreichend Kleber über der Serviette, auch über die Ränder hinaus, und lassen es trocknen. Danach legen Sie ein Baumwollvlies über das Motiv und bügeln es ca. drei Minuten lang fest. Danach sollten Sie den Bezug auch bei 30 Grad waschen können. Jetzt können Sie den Bezug über das Kissen ziehen und von der nordischen Wildnis träumen.

Bügelfolie: Wenn Sie keine schönen Servietten finden oder lieber mit dem PC arbeiten, können Sie auch ein Foto von einem Wildtier am PC in Schwarz-Weiß gestalten. Achten Sie darauf, dass nur das Tier zu sehen ist und der Hintergrund weiß bleibt. Wenn Sie alle Einstellungen (Kontrast, Farbe, Schattierung) wie gewünscht getroffen haben, drucken Sie das Bild auf Bügelfolie aus. Schneiden Sie das Motiv ggf. zu, bügeln Sie es nach Anleitung auf den Kissenbezug, und beziehen Sie Ihr Lieblingskissen.

AUF ZUM TRÖDEL

Und wenn es zu Hause nicht mehr gemütlich ist, dann wird eben entrümpelt. Das können die Menschen im Norden nämlich. Und vielleicht hat ja jemand noch Freude an den Sachen, die man selber nicht mehr braucht. Deswegen gibt es an vielen Straßen Schilder mit dem Hinweis *»Löppis«* (Schweden), *»Loppemarked«* (Dänemark) oder auch schlicht *»Antik«*. Dabei handelt es sich meist um fest installierte Flohmärkte in Garagen, Schuppen, Nebengebäuden, Höfen oder Gärten auf Privatgrundstücken.

Dort kann man in Ruhe stöbern und sein eigenes Heim mit dem verschönern, was jemand anders nicht mehr gebrauchen kann. Und beide freuen sich. Der eine, weil er Ballast losgeworden ist, der andere, weil er ein schönes neues Möbelstück erworben hat. Wer kreativ ist, verleiht dem Ganzen noch eine persönliche Note, indem er sein Fundstück selbst anmalt, neu bespannt, mit Dekor verziert oder dem Gegenstand eine ganz neue Funktion verleiht. Alte Milchkannen eignen sich als Vasen, und in alte Blechdosen kann man Blumen einpflanzen.

AUS ALT MACHT NEU

Wer glaubt, dass olle Konservendosen ein Fall für den Abfalleimer sind, liegt gründlich daneben. Die silbernen Dosen eignen sich hervorragend zum Basteln, und aus der Verpackung von Pizzatomaten wird flugs eine neue Besteckaufbewahrung, ein Windlicht, eine Stiftebox, eine Vase oder ein Lampenschirm. Wenn Sie also das nächste Mal eine Pizza oder Chili con Carne machen, schmeißen Sie die Dosen nicht gleich weg, sondern stellen Sie sie in die Spülmaschine, damit sie dann für kreative Ideen zur Verfügung stehen.

Dekorative Dosen als Küchenhelfer

Am besten geeignet sind dazu Dosen, in denen vormals leckere Lebensmittel aufbewahrt wurden. Warum nicht daraus etwas Schönes für die Küche basteln? Da auf der Arbeitsplatte der Platz meist recht eng ist, erfreuen sich Hängeaufbewahrungen großer Beliebtheit. Aus alten Dosen lassen sich schöne Behältnisse fertigen, in denen Scheren, scharfe Messer, Dosenöffner, Korkenzieher, Besteck, aber auch anderer Kleinkram wie Küchengummis oder Feuerzeuge verschwinden und doch immer griffbereit sind. Zunächst müssen Sie die Dosen gründlich spülen, das Etikett entfernen und – ganz wichtig – den noch scharfen Rand gründlich mit Schleifpapier abschleifen, damit sich niemand daran verletzt. Jetzt kann es losgehen.

Die schnellste Methode, aus einer Dose eine hübsche Hängeaufbewahrung zu gestalten, ist das Anmalen. Ganz einfach – eine schöne, gut deckende Farbe aussuchen (z. B. Plaka oder Acryl), Dose damit anmalen, trocknen lassen, fertig.

Wenn Sie möchten, können Sie die Dose anschließend noch verzieren. Haben Sie noch Tortenspitze zu Hause? Nutzen Sie die Bordüre und kleben Sie sie auf der Dose fest. Dann malen Sie mit einer anderen Farbe über die Bordüre und lassen die Farbe trocknen. Danach entfernen Sie die Bordüre und zurück bleibt ein feines Muster. Zu aufwendig? Dann nehmen Sie eine schöne Kordel oder ein Band und wickeln es um die Dose.

Oder probieren Sie es mit Masking Tape. Das wird in vielen bunten Variationen angeboten, und Sie können Ihrer Fantasie freien Lauf lassen. Wenn Sie die Dose fertig verziert haben, bohren Sie noch ein kleines Loch in den oberen Rand, damit ein Haken hindurchpasst. Das andere Ende vom Haken dann an einer Küchenstange aufhängen – fertig ist Ihr schöner Hingucker.

Malen ist nicht so Ihr Ding, aber Bekleben ist ganz nach Ihrem Geschmack? Dann suchen Sie sich schönes Papier, eine Serviette oder ein Stück Stoff und schneiden Sie dieses auf die Größe und den Umfang der Dose plus Zugabe von 2 cm zu, kleistern Sie die gesamte Dose außen ein und kleben Sie Papier, Serviette oder Stoffrest darauf. Beim Stoff bitte noch die Ränder einschlagen, damit der Stoff nicht ausfranst. Dann gleichmäßig und fest andrücken, trocknen lassen – fertig.

Sie können die Dose auch bestempeln oder mit Ihrem Lieblingsspruch versehen. Oder Sie kleben ein Stück Tafelwachstuch auf, dann können Sie die Dosen sogar beschriften.

NORDISCHES LANDKÜCHENGLÜCK

»Eines Tages, als Britta, Inga und ich mit dem Knecht vom Nordhof Heu einfuhren, fanden wir am Waldrand hinter einem Steinhaufen dicht bei der Wiese, von der wir das Heu holten, eine Walderdbeerstelle. Dort wuchsen so viele Walderdbeeren, wie ich noch nie in meinem Leben gesehen hatte. Wir beschlossen, dass wir nie, nie, niemals den Jungen oder irgendjemand anderem von dieser Walderdbeerstelle erzählen wollten. Wir pflückten die Walderdbeeren und zogen sie auf dünne Halme. Es wurden dreizehn Halme voll. Am Abend aßen wir sie mit Zucker und Sahne dazu.«

ASTRID LINDGREN: »WIR KINDER AUS BULLERBÜ«

NEW NORDIC DIET ODER DIE WIEDER-ENTDECKUNG DES NORDISCHEN GESCHMACKS

Das »Noma« in Kopenhagen ist kein gewöhnliches Restaurant. Es ist weltberühmt und sucht seinesgleichen. Es ist das meistempfohlene Restaurant in der Gastro-Szene, ein Dokumentarfilm über diese Ausnahme-Lokalität lief im Kino und auf der Berlinale. Vier Mal war das »Noma« das beste Restaurant der Welt. Und wenn es um nordischen Geschmack geht, kommt man am »Noma« nicht vorbei. Es gehört den Dänen Claus Meyer und René Redzepi – Letzterer ist zugleich Küchenchef und beliebter Impulsgeber für regionale Ernährung.

Außerdem trägt das »Noma« zwei Michelin-Sterne. Ursprünglich beheimatet im Kopenhagener Stadtteil Christianshavn, heißt das »Noma« heute »Noma2.0« und ist in der Freistadt Christiana – eine alternative, autonome Gemeinde in Kopenhagen – beheimatet. Wer hier einen Platz bekommen möchte, sollte viele Monate im Voraus reservieren und bereit sein, tief in die Tasche zu greifen. Doch was macht das »Noma« so besonders? Ist es die bedingungslose Regionalität, die mit passgenauer Kreativität auf den Teller gebracht wird? Wer wissen will, wie Skandinavien schmeckt, der findet eine kulinarische Antwort im »Noma« auf seinem Teller. Immer auf der Suche nach neuen regionalen Spezialitäten öffnet Redzepi Augen und Sinne für Unscheinbares – Moos, Algen, Wildkräuter, wilde Beeren – und zwingt so zu Wertschätzung und Innehalten für all die Vielfalt um uns herum. Eine große Aufgabe, die zum kleinen Glück führt.

WAS IST DAS BESONDERE AM *NOMA*?

Noma steht wörtlich für *nordisk* (nordisch) und *mad* (Essen), bedeutet also verkürzt: nordisches Essen. Das Besondere dabei ist, dass es in Dänemark lange Zeit kaum nordisches Essen gab, stattdessen kam Sushi, Fast Food oder Pizza auf den Tisch. Sanddorn, Stachelbeeren und Estragon gerieten beinahe in Vergessenheit. Das *Noma* hat es sich auf die Fahnen geschrieben, die neue nordische Küche zu repräsentieren und in die Welt hinauszutragen. Nicht nur das Restaurant selbst, sondern das ganze Ernährungskonzept, das Claus Meyer drum herum entwickelte, trägt zur Verbreitung der neuen nordischen Ernährungsweise bei. Inzwischen macht auch in Deutschland nach und nach die Runde, dass es ein nordisches Pendant zur südlichen Mittelmeerküche gibt: die *New Nordic Diet* (die neue nordische Ernährung). Statt Olivenöl wird Rapsöl verwendet, statt Baguette gibt es Roggenbrot, statt Feigen sind es Beeren. Man besinnt sich auf die Schätze im eigenen Land, in der eigenen Region und auf eine ausgewogene Ernährungsweise. Mittlerweile ist einem Großteil der Dänen die neue nordische Ernährung ein Begriff, also nicht nur den Feinschmeckern, die gerne mal ins *Noma* gehen.

UNTERWEGS IN KOPENHAGEN UND DIE ENTDECKUNG DER NEUEN NORDISCHEN KÜCHE

In Kopenhagen gibt es eine Markthalle, die Torvehallerne. Dort findet man unter anderem ökologisch erzeugte und/oder regionale Produkte, viele Stände, an denen man frisch zubereitete Speisen probieren oder wo man seinen Lebensmitteleinkauf erledigen kann. Und es gibt eine kleine unscheinbare Bretterbude, die mit einem Schild lockt, auf dem steht, es gäbe dort Pommes in Entenfett frittiert. Es sind zwei ausgewanderte Franzosen, die dieses Konzept verfolgen, und damit man sie auch als Franzosen erkennt, tragen sie blau-weiß gestreifte Pullover und eine Baskenmütze. Doch ihr Konzept besteht nicht allein darin, in Entenfett frittierte Pommes möglichst zahlreich und gewinnbringend zu verkaufen, es steckt mehr dahinter. Die Zutaten für ihre Gerichte stammen alle von den Ständen der Markthalle, sind also meist regional und saisonal. Außerdem legen sie Wert auf traditionelle Rezepte und traditionelle Zubereitung und wollen diese möglichst regional und saisonal umsetzen. Das Rezept für die Pommes etwa stammt aus dem Land der Pommes-Profis, wo das goldgelbe Imbissglück nahezu zur Nationalkultur gehört: aus Belgien. Die Soßen sind frisch und selbst zubereitet. Sie bestehen z. B. aus Comté (Hart-Rohmilchkäse) oder verfeinertem Curry-Ketchup. Eine besondere Zutat, die verstärkt in der Gastronomie auftaucht und auf die auch die beiden Kopenhagener Pommes-Franzosen Wert legen, sind heimische Kräuter, insbesondere Wildkräuter. Es lohnt sich, bei einem Aufenthalt in Kopenhagen dort vorbeizuschauen und diesen besonderen Genuss persönlich auszuprobieren.

WAS IST DIE *NEW NORDIC DIET?*

Die neue nordische Ernährung ist eine regionale und saisonal ausgerichtete Ernährungsweise, die auch die Aspekte Nachhaltigkeit, Umweltbewusstsein und ökologische Erzeugung mit in den Fokus nimmt. Es geht darum, möglichst unverarbeitete, naturbelassene Lebensmittel zu kaufen und sich daraus etwas Leckeres zuzubereiten. Natürlich schließt das ein gewisses Küchen-Knowhow mit ein. Denn nicht jeder greift aus reiner Bequemlichkeit zum Fertiggericht. Viele tun das auch deshalb, weil sie einfach nicht wissen, wie man kocht. Die neue nordische Ernährung zielt darauf ab, Menschen dazu zu bringen, wieder mehr selbst zu kochen, auf Industrieprodukte und Zusatzstoffe zu verzichten.

Das bringt nicht nur echten Geschmack auf den Teller, sondern auch eine gute Portion Gesundheit. Lebensmittel sollen wieder wertgeschätzt werden und aus lokalen Zutaten einfache, geschmackvolle Gerichte entstehen. Lebensmittel, die dabei im Mittelpunkt stehen, sind nordisches Obst und Gemüse wie Wurzelgemüse, Kohl, Kartoffeln, Pilze, Sanddorn und Beeren, aber auch Estragon, Roggen, Fisch und Wild. Für die Menschen im Norden ist es teilweise einfacher, sich von heimischen Zutaten zu ernähren, anstatt die Empfehlungen der mediterranen Ernährung zu verfolgen. Zur Wikingerkultur gehören eher Elchfleisch, Lachs und Grünkohl anstatt Tomaten, Olivenöl, Zitronen und Pasta. Da kann die Mittelmeerküche noch so gesund sein, wenn die Lebensmittel nicht der eigenen Kultur entsprechen, fällt es schwer, so etwas auf Dauer durchzuhalten. Doch eine nordische Ernährung kann ebenfalls gesund sein – so haben Studien herausgefunden. Da wir in Deutschland genau in der Mitte zwischen mediterran und nordisch liegen, lohnt es sich, die neue nordische Ernährung mal auszuprobieren.

Frühling

Rezepte

Lammkeule mit Gurkensalat

An Ostern darf nichts fehlen, wenn man mit der Familie oder Freunden am reich gedeckten Tisch feiert. Lammbraten mit Kartoffeln und Gurkensalat ist ein klassisches Ostergericht in ganz Skandinavien. Gurkensalat wird oft im Frühling und im Sommer zu verschiedenen Sorten von gebratenem Fleisch serviert.

Ca. 1,2 kg Lammkeule,
ohne Schaft, aber mit Knochen
½ Bund Petersilie
4 Knoblauchzehen
50 g zimmerwarme Butter
2 Zwiebeln
2 Karotten
¼ Knollensellerie
2 Tomaten
Salz und Pfeffer
500 ml Wasser oder Brühe
100 ml Sahne
2 TL Senf und 1 EL Whiskey
zum Abschmecken

Für den Gurkensalat:
2 Salatgurken
200 ml Essig
100 ml Wasser
5 EL Zucker
Salz und Pfeffer

Beilage:
Salzkartoffeln

Für 4 Portionen
Zubereitungszeit: ca. 40 Minuten + 90 Minuten braten + 20 Minuten ruhen

So geht's:

1. Den Ofen auf 175 Grad vorheizen (Umluft 150 Grad). Mit einem scharfen Messer die Fettschicht und die Sehnen von der Lammkeule wegschneiden oder gleich vom Metzger entfernen lassen. Petersilie waschen, trocken schütteln und fein hacken. Knoblauchzehe schälen und durch eine Knoblauchpresse drücken. Petersilie und Knoblauch mit der Butter verrühren und mit Salz und Pfeffer abschmecken.

2. Kräuterbuttermischung gleichmäßig auf der Lammkeule verteilen. Diese in eine große, ofenfeste Schale mit hohem Rand oder in eine Fettpfanne legen und im Ofen (Mitte) 90 Minuten braten.
3. Zwiebeln, Karotten und Sellerie waschen, schälen und in große Würfel schneiden. Tomaten waschen und würfeln.
4. Nach ca. 30 Minuten das Gemüse zu der Lammkeule in den Ofen geben, mit Wasser oder Brühe angießen und alles weiterbraten lassen. Gelegentlich mit einer Schöpfkelle Brühe aus der Form schöpfen und die Lammkeule damit beträufeln.
5. Gurken waschen und in sehr dünne Scheiben schneiden. Die übrigen Zutaten für den Gurkensalat in einer Schale verrühren, bis der Zucker sich aufgelöst hat. Mit Salz und Pfeffer abschmecken und die Gurkenscheiben untermischen. Der Gurkensalat muss mindestens 15 Minuten ziehen.
6. Nach etwa eineinhalb Stunden ist die Lammkeule fertig. Mit einem Thermometer die Kerntemperatur des Fleisches prüfen. Bei 75 bis 80 Grad ist es saftig und schön rosa. Das Fleisch aus dem Ofen nehmen und in Alufolie eingepackt etwa 20 Minuten ruhen lassen.
7. Den Bratenfond aus der Ofenform durch ein Sieb in einen Topf gießen. Eventuelle Unreinheiten und Fette abschäumen. Den Bratenfond auf etwa 200 ml einkochen, mit Sahne aufkochen und mit Salz, Pfeffer, Senf und Whiskey abschmecken. Als Soße zur Lammkeule reichen. Ist die Soße zu dünn, 2 EL Speisestärke mit kaltem Wasser verrühren und unter die Soße rühren, nochmals aufkochen lassen.
8. Die Lammkeule mit Salzkartoffeln servieren.

Tipp: Der Gurkensalat kann zu verschiedenen Sorten von gebratenem Fleisch serviert werden. Schmeckt auch zu Köttbullar und Fischfrikadellen. Auf den berühmten Hotdogs ist dieser Gurkensalat unentbehrlich. Er hält sich mehrere Tage im Kühlschrank und kann auch eingefroren werden.

Zwiebelomelett mit geräuchertem Lachs

Eier und Fisch stehen bei den skandinavischen Osterspeisen im Vordergrund. Dieses Gericht passt auf jeden kulinarischen Ostertisch; als Hauptgericht mit Beilage, als Vorspeise oder auf dem Buffet.

1 große rote Zwiebel, ca. 140 g
1 Knoblauchzehe
½ Bund glatte Petersilie
8 Eier (M)
8 EL Sahne
½ TL Salz
1 Msp. Pfeffer
2 EL Öl
200 g geräucherter Lachs

Für 4 Portionen
Zubereitungszeit: ca. 25 Minuten

So geht's:

1. Zwiebel schälen und klein würfeln. Knoblauchzehe schälen und durch eine Knoblauchpresse drücken. Petersilie waschen, trocken schütteln und klein hacken. Eier, Sahne, Salz und Pfeffer in einen Rührbecher geben, mit dem Schneebesen gut verquirlen.

2. Öl in einer beschichteten Pfanne erwärmen und die Zwiebeln darin glasig dünsten. Den Knoblauch dazugeben und kurz mitdünsten, dann die Eiermasse darübergeben. Einen Deckel über die Pfanne legen und die Hitze auf mittlere Flamme reduzieren, damit das Omelett langsam fest wird.
3. Inzwischen Lachs in kleine Stücke schneiden. Nach etwa 15 Minuten, wenn das Omelett fest geworden ist, dieses auf einen großen Teller gleiten lassen und mit dem Lachs belegen.

Das Zwiebelomelett mit geräuchertem Lachs eignet sich als Vorspeise für 8 Portionen, als Hauptmahlzeit mit Roggenbrot und grünem Salat oder auf dem Osterbuffet.

Grüner-Spargel-Garnelencocktail

Grüner Spargel ist beliebt in Skandinavien. Der grüne Spargel ist ein delikater Frühjahrsbote, der in Kombination mit Garnelen besonders gut schmeckt. Die Garnelen in Skandinavien schmecken besser als im übrigen Europa. Während in Südeuropa Garnelen häufig in Öl eingelegt werden und in Deutschland diese säuerlich konserviert werden, werden skandinavische Garnelen mild salzig eingelegt und bewahren so ihren feinen Geschmack nach Meer.

1 Bund grüner Spargel (ca. 500 g)
8 EL Crème fraîche
3 EL Mayonnaise
Saft einer halben Zitrone
Salz und weißer Pfeffer
300 g Eisbergsalat
½ rote Grapefruit
½ Bund Dill
1 Avocado
400 g küchenfertige Garnelen

Beilage:
Roggenbrot oder Baguette

Für 4 Portionen
Zubereitungszeit: ca. 25 Minuten

So geht's:

1. Spargel waschen, Enden abschneiden, evt. holziges unteres Drittel schälen. Salzwasser zum Kochen bringen. Den Spargel in 2 cm kleine Stücke schneiden und im kochenden Wasser 2-3 Minuten garen. Die Spargelstücke sollten noch Biss haben.
2. Creme fraîche, Mayonnaise, Zitronensaft, Salz und Pfeffer in eine Schüssel geben und zu einem Dressing verrühren.
3. Eisbergsalat waschen und in dünne Streifen schneiden. Die Grapefruit schälen und filetieren. Dazu mit einem scharfen

Messer die Schale so in Streifen herunterschneiden, dass die weiße Haut vollständig entfernt wird. Dill waschen, trocken schütteln, ein paar Zweige zur Seite legen, Rest fein hacken. Avocado schälen, entkernen und in Streifen schneiden.

4. Portionsweise in Cocktailgläsern oder kleinen Schälchen anrichten. Dazu Salat, Spargelstücke und Garnelen schichtweise verteilen, ein paar Garnelen beiseitelegen. Zum Schluss Avocado, Grapefruit und die restlichen Garnelen daraufschichten und mit den Dillzweigen garnieren. Das Dressing dazu reichen bzw. kurz vor dem Servieren darübergeben.

Stachelbeerkuchen mit Baiser

Neben Bären gibt es in Schweden auch eine vielfältige Beerenwelt Dazu zählt auch die Stachelbeere, die auf Schwedisch »krusbär« heißt Krus bedeutet so viel wie lockig und bezeichnet die Blattform der Stachelbeere. Der deutsche Name »Stachelbeere« hingegen weist auf die Stacheln hin, die beim Ernten fies piksen können. Es gibt gelbe, rote und grüne Stachelbeeren. Für diesen leckeren Kuchen suchen Sie sich einfach Ihre Lieblingssorte aus.

Für den Boden:
100 g Butter
1 Ei (M)
250 g Weizenmehl
65 g Rohrzucker

Für die Füllung:
1 l gewaschene und geputzte Stachelbeeren
2 EL Kartoffelmehl
100 g Rohrzucker

Für die Baisermasse:
3 Eiweiß
200 g Zucker
½ TL Essig

Zum Garnieren:
40 g Mandelsplitter

Ergibt ca. 10 Stück
Zubereitungszeit: ca. 75 Minuten + Auskühlen

So geht's:

1. In einem kleinen Topf oder in der Mikrowelle Butter schmelzen lassen. Ei in einer Tasse verquirlen. Mehl und Rohrzucker in einer Schüssel vermengen und mit der geschmolzenen Butter und dem Ei kurz verrühren.
2. Eine Tarteform oder eine ofenfeste Form (ca. 26 cm Ø) fetten. Den Teig in die Form geben, andrücken, den Rand

ca. 2 cm hochziehen und eine Stunde abgedeckt im Kühlschrank ruhen lassen.

3. Den Ofen auf 200 Grad vorheizen (Umluft 180 Grad). Den Boden ca. 12 Minuten (Mitte) vorbacken.
4. Aus dem Ofen nehmen, Stachelbeeren auf dem Boden verteilen und Rohrzucker draufstreuen. Kartoffelmehl in ein feines Sieb geben und über die Stachelbeeren sieben. Den Kuchen 30 Minuten im Ofen backen (Mitte) und danach ganz auskühlen lassen.
   Man kann den Kuchen bis hierhin gut am Vortag vorbereiten und dann erst am nächsten Tag das Baiser backen. Über Nacht dann zugedeckt im Kühlschrank aufbewahren.
5. Für das Baiser die Eiweiße in eine Schüssel geben und mit einem Handrührgerät schlagen, bis die Masse fest wird. Dann Zucker nach und nach einrieseln lassen, dabei weiterrühren. Zuletzt den Essig zugeben und kurz mit aufschlagen. Baiser auf die Stachelbeeren verteilen und mit der nach außen gewölbten Seite eines Esslöffels kleine Tupfer machen. Mit Mandelsplittern bestreuen und alles 10–12 Minuten auf der mittleren Schiene im vorgeheizten Backofen backen (200 Grad, Umluft 180 Grad). Das Baiser muss hellbraun sein.

Norwegische Lefser

Lefser sind in einer Pfanne gebackene Pfannkuchen oder Flachbrote, die man sowohl herzhaft als auch süß essen kann. Es gibt viele verschiedene Rezepte für Lefser, und jede Region hat ihre eigenen Lefser-Spezialitäten. Früher gab es die Lefser, die mit feinem Mehl gebacken wurden, nur zu besonderen Anlässen. Die »Alltags-Lefser« basierten auf Vollkornmehl. Traditionell werden die Lefser auf einer Takke gebacken. Das ist eine gusseiserne Platte oder Pfanne, ähnlich einer Crêpes-Pfanne, die auf jedem Markt zu finden ist. Heutzutage kaufen viele die Lefser fertig gebacken und verpackt im Supermarkt.

Für den Teig:
500 ml Milch
100 g Butter
665 g Weizenmehl
(Typ 550 oder 1050)
1 Ei und 2 Eigelb (M)

Eventuell zum Bestreichen:
375 g weiche Butter
250 g Zucker
1 EL Zimt nach Belieben

Ca. 25 Stück
Zubereitungszeit: Etwa 90 Minuten

So geht's:

1. Die Milch und die Butter in einem Topf erhitzen, bis die Butter geschmolzen ist. Die Milch darf nicht kochen, soll aber richtig heiß sein. Das Mehl in eine Schüssel geben und mit den Quirlen eines Handrührgeräts mit der Milch-Butter-Masse verrühren. Das Ei mit dem Eigelb kurz verrühren, in die Masse geben und alles kurz zusammenrühren. Da der Teig richtig heiß ist, kann es ein Vorteil sein, den Teig in einer Küchenmaschine zu rühren. Den Teig mit einem Tuch bedecken, damit er nicht auskühlt.

2. Auf dem Herd eine gut beschichtete Pfanne (ca. 28 cm Ø) auf mittlerer Hitze warm werden lassen. Auf einer bemehlten Arbeitsfläche den Teig (jeweils ca. 50-Gramm-Stücke) dünn und kreisförmig ausrollen und nach und nach in der warmen Pfanne ohne Fett backen. Die Pfanne muss richtig heiß sein, bevor man anfängt zu backen. Der Teig muss Blasen werfen und braune Flecken bekommen. Die Lefser ca. 2 Minuten je Seite backen. Gleich nach dem Backen die warmen, fertigen Lefser gestapelt unter einem Tuch auskühlen lassen, damit sie wieder weich werden.
3. Wenn die Lefser weich geworden sind, kann man die Butter-Zucker-Füllung daraufgeben. Dazu Butter, Zucker und Zimt in einer Schüssel miteinander cremig verrühren. Die Füllung dann auf einer Hälfte der Oberseite des Lefser verteilen, dann die unbestrichene Seite darüberklappen. Das Ganze nun noch einmal mit dem gefalteten Lefser wiederholen. Das ergibt 4 Schichten und zwischen jeder Schicht die Butter-Zucker-Mischung.

Lefser schmecken aber nicht nur süß, sondern auch herzhaft. Dafür die Lefser ganz auskühlen lassen, mit einer herzhaften Füllung bestreichen, fest zusammenrollen und einmal schräg durchschneiden. So hat man einen sehr schönen Snack, z. B. für ein Buffet oder für ein Picknick.

Vorschläge für herzhafte Füllungen:

1. Crème fraîche, Sahnemeerrettich, Rucola, Räucherlachs, Gurke
2. Crème fraîche, Salz, Pfeffer, luftgetrockneter oder geräucherter Schinken, Salat, Tomate in sehr dünnen Scheiben
3. Mayonnaise, Pfeffer, Salat, Gurke, Tomate in sehr dünnen Scheiben, Salami
4. Ziegenfrischkäse, Rucola und fein gehackte rote Zwiebel

Knäckebrot

Dieses Knäckebrot ist ganz einfach zu backen und hält sich sehr lange in einer Keksdose knusprig und lecker. Das Beste daran ist aber, dass man weiß, was drin ist … Die Kerne können Sie nach Belieben gegen andere austauschen.

100 g Haferflocken
100 g Kürbiskerne
100 g Sesam
100 g Sonnenblumenkerne
100 g Leinsamen
350 g Mehl (Weizen/Weizenvollkorn oder eine Mischung)
1 TL Salz
250 ml Wasser
100 ml Öl (evtl. weniger und dafür mehr Wasser)

Zubereitungszeit: ca. 45 Minuten
Für ca. 3 Backbleche

So geht's:

1. Alle Zutaten in eine Schüssel geben und mit den Knethaken eines Handrührgeräts gründlich verrühren. Die Masse soll nicht trocken sein, aber auch nicht so feucht, dass man sie beim Ausrollen nicht vom Backpapier ziehen kann. Machen Sie am besten einen kleinen Test, und regulieren Sie die Konsistenz mit Mehl (zu feucht) bzw. Wasser (zu trocken).
2. Ofen auf 200 Grad Ober-/Unterhitze (180 Grad Umluft) vorheizen. Den Teig in 3 Teile teilen und jede Portion zwischen 2 Stücken Backpapier kreisförmig und so dünn wie möglich ausrollen oder ausdrücken.
3. Das eine Stück Backpapier abziehen und mit einem kleinen scharfen Messer den Teig in gleich große Dreiecke teilen, wie wenn Sie eine Torte schneiden. Dazu ritzen Sie den Teig leicht an. Dann können Sie nach dem Backen die Stücke leicht auseinanderbrechen.
4. Das Knäckebrot auf ein Backblech legen und bei ca. 15 Minuten backen (Mitte), bis das Knäckebrot kross ist, aber es soll nicht zu dunkel werden.

Kartoffelpizza

Die Kartoffelpizza ist eine ganz einfache und doch superleckere Sache. Der Boden wird nicht ausgerollt, sondern einfach mit nassen Händen ausgezogen und mit Ziegenfrischkäse, Kartoffeln, Rosmarin und ein paar Tropfen Olivenöl belegt, dann ab in den Ofen. Statt der Kartoffeln schmeckt die Pizza auch sehr lecker mit Rote Bete.

Für den Teig:
250 ml lauwarmes Wasser
20 g Hefe
1 TL Salz
125 g Dinkelvollkorn oder anderes Vollkornmehl
250 g Weizenmehl Typ 405

Für den Belag:
5 mittelgroße Kartoffeln, festkochend
125 g Ziegenfrischkäse, z. B. Snøfrisk oder anderer Ziegenfrischkäse
2 Zweige frischer Rosmarin
4-6 EL Olivenöl
Salz

Für 2 Pizzen, ca. 30 cm Ø
Zubereitungszeit: ca. 1 Stunde plus Zeit, den Teig gehen zu lassen

So geht's:

1. Für den Teig das Wasser in eine große Schüssel geben und die Hefe darin auflösen. Salz zugeben und nach und nach das Mehl. In der Schüssel den Teig mit den Händen richtig gut durchkneten. Der Teig soll nicht fest und trocken sein, sondern zäh und etwas klebrig. Die Schüssel mit einem Tuch abdecken und bei Zimmertemperatur ca. 45-60 Minuten gehen lassen. Der Teig muss danach etwa die doppelte Größe haben.
2. Für die Füllung die Kartoffeln waschen und schälen. Dann die Kartoffeln mit dem Sparschäler oder einem Gemüse-

hobel in große und dünne Scheiben hobeln. Die feinen dünnen Scheiben in kaltes Wasser legen. Den Rosmarin waschen, trocken schütteln, die Nadeln abzupfen und mit einem Messer fein hacken.

3. Den Ofen auf 235 Grad Umluft (215 Grad Ober-/Unterhitze) vorheizen. Wenn Sie Umluft mit Unterhitze haben, dann benutzen Sie dieses Programm. Den Teig in zwei Portionen teilen und die Stücke mit feuchten Händen zu möglichst runden Pizzaböden ausziehen. Sie sollen ca. ½ cm dick sein. Auf ein mit Backpapier ausgelegtes Backblech legen.
4. Das Wasser von den Kartoffelscheiben abgießen und die Scheiben mit einem Tuch sehr gründlich trocknen. Den Teig mit Ziegenfrischkäse bestreichen und ein bisschen Rosmarin darüberstreuen. Die Kartoffelscheiben im Ziegelsteinmuster auf der Pizza verteilen und anschließend mit ein bisschen Olivenöl beträufeln.
5. Die Pizza ca. 12 Minuten im vorgeheizten Ofen backen. Die Kartoffelscheiben sollen an den Rändern braun sein und möglichst knusprig. Mit feinem Salz oder Fleur de sel würzen und heiß servieren.

Lakritzeis mit Limette

Lakritz als Gewürz hat sich in den letzten Jahren einen sicheren Platz in der skandinavischen Küche erobert. Auch Nicht-Lakritzesser sollten sich mit Lakritz als Gewürz versuchen – es ist nicht mit dem Lakritz, welches zu Süßigkeiten verarbeitet wird, zu vergleichen und verleiht den Gerichten einen neuen Geschmack.
Wenige Supermärkte haben Lakritzpulver im Sortiment. Am besten beziehen Sie das Lakritzpulver über Fachgeschäfte oder das Internet.

4 frische Bio-Eigelbe(M)
125 g Zucker
3 TL Lakritzpulver
1 TL fein geriebene Limettenschale
1 EL Limettensaft
500 ml Schlagsahne
3 EL Lakritzsirup

Für 6 Portionen
Zubereitungszeit: 10 Minuten + Gefrierzeit

So geht's:

1. Eigelbe mit dem Zucker in eine Schüssel geben und mit dem Handrührgerät zu einer luftigen Masse schlagen. Lakritzpulver, Limettenschale und Limettensaft untermischen.
2. Schlagsahne in einer zweiten Schüssel mit dem Handrührgerät steif schlagen und unter die Eiermasse heben.
3. In die Eismaschine geben und so lange rühren, bis es die richtige Konsistenz erreicht hat (ca. 45 Minuten).
   Ohne Eismaschine geht es natürlich auch: Dazu die Eismasse in ein Gefäß (z. B. eine ausgewaschene Eisschachtel) geben und in das Gefrierfach stellen. Dabei in den ersten zwei bis

drei Stunden oft umrühren (ca. jede halbe Stunde), damit sich keine Klümpchen bilden. Die Einfrierzeit beträgt ca. 6 Stunden. Eine halbe Stunde vor dem Verzehr aus dem Gefrierfach nehmen.

4. Kurz bevor das Eis in der Eismaschine fertig ist, Lakritzsirup unterrühren. Friert man das Eis im Gefrierfach ein, muss der Lakritzsirup kurz bevor das Eis ganz gefriert, untergerührt werden.

Tipp: Zum Lakritzeis schmecken Sommerbeeren wie Himbeeren oder Erdbeeren. Mit anderen Eissorten, z. B. Blaubeereis, lässt sich Lakritzeis auch gut kombinieren.

Sommer

»Oh, ist das schön, wenn der Sommer kommt! […]
Da schmückten wir das Klassenzimmer mit Blumen
und grünen Zweigen. Wir Kinder von Bullerbü pflückten
Birkenzweige und Himmelschlüsselchen und Glockenblumen.«

ASTRID LINDGREN
»WIR KINDER AUS BULLERBÜ«

Der **Sommer** ist kurz, aber intensiv im Norden. Das Mittsommerfest gehört zu den großen und wichtigen traditionellen Festen im Jahreslauf. Der längste Tag und die kürzeste Nacht werden an diesem Tag gefeiert. Nördlich des Polarkreises wird es zu dieser Zeit gar nicht mehr dunkel. Jetzt kann man im Garten der Natur aus dem Vollen schöpfen: Erdbeeren, Kirschen, Frühkartoffeln und Holunder etwa warten darauf, geerntet zu werden. Und die Menschen sind viel draußen, tanken Sonne, verbringen Zeit mit Freunden und Familie und genießen alle Leckereien, die der Sommer zu bieten hat.

MITTSOMMERFEST IN SCHWEDEN

Dass es so etwas wie Mittsommer gibt, wissen alle Nichtskandinavier spätestens, seit IKEA zu der Zeit mit tollen Mittsommerangeboten lockt. Doch was steckt eigentlich dahinter?
In Schweden gehört Mittsommer zu den wichtigsten Festen im Jahr, das auch in Bullerbü gefeiert wird. Mittsommer wird jedes Jahr an dem Samstag gefeiert, der zwischen dem 20. und dem 26. Juni liegt. Die Schweden feiern dann den längsten Tag und die kürzeste Nacht im Jahr. Zum Fest gehört das Aufstellen eines Baumstamms, des *majstång,* der zuvor mit Blumen und Birkengrün geschmückt wurde. Dazu gibt es natürlich gutes Essen und Musik, und es wird getanzt. Zum traditionellen Mittsommeressen gehören besonders zubereitete Kartoffeln und Hering. Aber auch frische Erdbeeren, Bier und Schnaps dürfen bei dem Sommervergnügen nicht fehlen.

Für Mädchen und junge Frauen, die noch auf den Richtigen warten, liegt über der Mittsommernacht ein besonderer Zauber. Die Legende sagt, dass diese auf sieben Wiesen sieben verschiedene Wildblumen pflücken und diese dann zu einem Strauß zusammengebunden in der Nacht unter ihr Kopfkissen legen sollen. Dann träumen sie von ihrem Zukünftigen …

FAMILIE ALS ANKER UND MITTELPUNKT

Im Norden sind die Menschen am glücklichsten. Im ersten World-Happines-Report 2012 schnitten Dänemark, Finnland, Norwegen und Schweden mit am besten ab. Und auch sechs Jahre später leben in Finnland die glücklichsten Menschen, dicht gefolgt von Norwegen, Dänemark und Island. Woran liegt das und – können wir das auch? Glücklich sein? Gar den Glücks-Jackpot knacken? Vielleicht besteht aber das nordische Glücksgeheimnis gerade darin, dass es hier gar kein Streben nach dem Megaglück gibt, stattdessen die Erwartungen niedriger und die Zufriedenheit größer sind? Denn wenn ich Hummer erwarte und einen leckeren Hering serviert bekomme, schlägt der Anzeiger auf der Glücksskala nicht ganz so weit aus. Wenn ich mich aber auf ein gemütliches Essen mit meinen Lieben in einem leckeren Fischrestaurant freue, dann mag das mit dem Glücksempfinden schon wieder ganz anders aussehen. Es scheint, das Streben nach immer mehr und immer besser gibt es im Norden nicht. Stattdessen herrscht mehr Genügsamkeit, die Menschen sind mit dem zufrieden, was sie gerade haben, und mit dem, wie es gerade ist – *lagom* eben. Sie genießen die Zeit mit ihrer Familie und Freunden, freuen sich über leckeres Essen, schönes Wetter, die ersten Heidelbeeren und sind dabei einfach glücklich. Und das schaffen sie, obwohl häufig beide Elternteile berufstätig sind. Oder ist das vielleicht nur ein Bild, das bei der Lektüre von Astrid Lindgrens Bullerbü und bei entspannten Sommerurlauben an nordischen Seen entsteht und die Sehnsucht nach einem Glück weckt, das es in der Realität so gar nicht gibt? Das Glücksgeheimnis der Menschen im Norden lässt sich halt nicht so einfach entschlüsseln. Nicht abzustreiten bleibt jedenfalls: Die Menschen im Norden sind, laut Studie, glücklicher als woanders. Und wenn sich jetzt der ein oder andere eine Glücksscheibe abschneiden möchte, der denke daran: Glück ist Realität minus Erwartungen.

SELBSTGEMACHTES AUS KÜCHE & GARTEN

Fährt man in Südschweden die kleinen Straßen entlang, tauchen am Rand immer wieder Schilder auf, die einen dazu einladen, Obst oder Gemüse zu kaufen. Dabei handelt es sich keinesfalls stets um Bauern, auch Privatpersonen packen aus dem heimischen Garten Äpfel, Pflaumen und Co. in 1-2 kg-Beutel ab und bieten die Ware an selbst gebauten Verkaufsständen an. Bezahlt wird der angeschriebene Preis, der Betrag in eine Dose geworfen – nach dem Vertrauensprinzip. Der Verkäufer wird so seine überschüssigen Lebensmittel los, die sonst vielleicht verdorben wären, und der Käufer kann sich über Obst und Gemüse freuen, das frischer, saisonaler und regionaler nicht sein könnte. Eine wirklich praktische Erfindung. Auch in Dänemark und mancherorts auch bei uns gibt es das. Man bekommt auch frische Eier oder selbst gemachte Marmeladen. Die Verkaufsstände sind häufig liebevoll hergerichtet, und der Käufer freut sich über frische Ware ohne Konservierungsstoffe oder E-Nummern. Natur pur sozusagen.

Aber wie kommt es, dass immer mehr Menschen das Bedürfnis haben, mit ihren eigenen Händen in der Erde zu wühlen und

ihr eigenes Gemüse anzubauen? Wo man doch im Supermarkt jederzeit alles bekommt? Vielleicht ist gerade das der Grund. Leben im Rhythmus der Natur lässt einen wieder besser spüren, was wann Saison hat und dass sich nicht nur das Licht mit den Jahreszeiten ändert, sondern auch die Speisen auf dem Teller. Plötzlich freut man sich richtig auf den ersten Spargel und kostet diese Wochen voll aus, weil es ihn jetzt und dann erst mal eine ganze Weile nicht mehr gibt. Man gibt auch mehr acht auf Lebensmittel und Speisen, denn es tut viel mehr weh, etwas vergammeln zu sehen, was man selbst aus der Erde gezogen hat und wo man weiß, wie viel Arbeit darin steckt, damit überhaupt eine essbare Pflanze daraus wird. Damit das nicht passiert, wird man plötzlich einfallsreich: Auf einmal sind alte Konservierungsmethoden wieder en vogue: einkochen, einfrieren, trocknen, zu Marmelade, Gelee und Chutney verarbeiten. Man lädt Freunde zum Essen ein, verschenkt Obst und Gemüse oder bietet es an einem kleinen Stand am Straßenrand zum Verkauf an. Und stolz ist man natürlich auch, vor allem wenn man dicke, aromatische Früchte ernten kann, die man selbst angebaut und gepflegt hat.

Doch man muss keinen eigenen Garten haben, um wieder ein besseres Gespür für Saisonalität zu bekommen und mit den Jahreszeiten zu leben.

ERNTEN IN FREIER NATUR

Oft reicht es schon, mit offenen Augen durch die Welt zu laufen. Beim Spaziergang in freier Natur, wenn es rechts und links in den Büschen blau blitzt, weiß man: Jetzt ist Blaubeerzeit. Frisch vom Strauch gepflückt schmecken sie natürlich am leckersten. Aber weil Blaubeeren nun mal ausschließlich im Sommer wachsen, lohnt es sich, einen ganzen Korb voll zu sammeln und sie zu Hause weiterzuverarbeiten, zum Beispiel zu leckeren Blaubeerpfannkuchen. Ungefähr zur selben Zeit laden uns auch Brombeerhecken zur Selbstbedienung ein. Dann reifen Äpfel, Birnen und Pflaumen – im Sommer sprudelt die Natur einfach über –, alles sprießt und reift und lockt zum Ernten. Dazu noch frisch gefangener Fisch, ein paar selbst gesammelte Pilze, und man kann sich fast sein komplettes Mahl direkt aus der Natur zubereiten. Ein unvergessliches Erlebnis.

Ich erinnere mich noch gut, wie ich einmal auf einem Campingplatz in Dänemark, dessen Parzellen von Brombeerhecken begrenzt waren, Beeren pflückte. Ich ließ sie in der Pfanne zusammen mit Äpfeln karamellisieren und streute sie über meinen Frühstücksbrei und sorgte für einen süßen Start in den Tag.

Wie überrascht war ich, als mich eine ältere Campingplatzbewohnerin ansprach. Sie meinte, dass sie selten junge Menschen sähe, die hier Beeren pflücken würden, obwohl die Hecken doch so voll hingen. Sie selbst sammelte die Beeren, um daraus eine leckere Torte zu machen, und berichtete, dass viele Campingplatzbewohner schon die ganze Zeit am Sammeln und Ein-

machen sind. Nur die jungen Leute, meinte sie, wüssten damit wohl nichts mehr anzufangen. Schade eigentlich.
Doch auch in Deutschland wächst vielerorts Obst wild. Auf der Seite www.mundraub.org kann man sich informieren, was bei einem in der Nähe wächst und was man einfach ernten kann. Bei mir stehen im Park um die Ecke viele Apfelbäume, sowie ein Kirschbaum, ein Pflaumenbaum und ein Walnussbaum. Zu ernten schien niemand, die Bäume hingen voller Früchte. Ich habe also eines Tages die Stadtgärtner gefragt, wem die Früchte gehörten. Zwar durften sie mir keine offizielle Erlaubnis erteilen, gaben mir aber zu verstehen, dass ich keinen Ärger bekommen würde, wenn ich die Früchte erntete. So hatte ich einen Sommer lang viele schöne Äpfel, aus denen ich wunderbare Kuchen backte, Apfelmus machte und mir morgens frische Äpfel ins Müsli schnitt. Saisonaler und regionaler ging es fast nicht. Leider waren es Boskoop-Äpfel, die sich wegen ihres Säuregehalts vor allem für Süßspeisen eigneten. Doch in Frankfurt gibt es auch viele Streuobstwiesen, auf denen auch nie jemand erntet. Das schöne Obst fällt runter und vergammelt. Auf so einer Wiese habe ich schließlich noch süße Äpfel entdeckt. Es macht einfach Spaß, sich sein Essen selbst zu sammeln und daraus leckere Dinge zu kochen und zu backen. In meiner Obstschale schrumpeln nun ein paar Äpfel vor sich hin. Hier in meiner Dachgeschosswohnung ist es einfach zu warm, um die Äpfel über einen längeren Zeitraum zu lagern. Aber nie würde ich zulassen, dass diese weggeschmissen werden. Stattdessen backe ich lieber noch einen saftigen Kuchen oder vielleicht ein Apfelbrot daraus. Auch Apfelchips schmecken wunderbar.

Knusprige Apfelchips

Für 1 Glas Apfelchips
200 g Zucker
Zimt
7 leicht säuerliche Äpfel,
z. B. Boskoop

Zubereitungszeit:
20 Minuten + 2-3 Stunden backen

So geht's:

1. In einem kleinen Topf 400 ml Wasser mit 200 Gramm Zucker unter Rühren kurz aufkochen lassen, bis sich der Zucker aufgelöst hat. Topf vom Herd nehmen und etwas abkühlen lassen.
2. Äpfel entkernen, sodass die Äpfel dabei ganz bleiben, z. B. mit einem Kerngehäuseausstecher. Dann in ca. 3 mm dicke Ringe schneiden oder hobeln. Apfelringe kurz ins Zuckerwasser tauchen und auf ein mit Backpapier ausgelegtes Backblech legen. Die Apfelringe mit etwas Zimt bestreuen, und dann die Bleche bei 90 Grad (Umluft) für 2-3 Stunden in den Ofen geben. Nach der Hälfte der Zeit wenden. Einen Kochlöffel in die Ofentür stecken, damit die feuchte Luft entweichen kann.
3. Die Apfelchips erst ganz auskühlen lassen und dann in einem Schraubglas aufbewahren. Sie halten sich für mehrere Tage knusprig.

AUF INS UMLAND

Wer gerade keine Äpfel zu Hause hat, jetzt aber Lust bekommen hat, selbst mal wildes Obst und Gemüse zu sammeln, hier ein paar Tipps: Wer sich unsicher ist, ob man an dem Ort wirklich sammeln darf oder ob das Obst jemandem gehört, der sollte möglichst fragen. Denn nichts ist ärgerlicher, als wenn man aus Versehen jemandes Ernte klaut. Ein gutes Indiz dafür, dass niemand erntet, ist es, wenn auf dem Boden schon sehr viele heruntergefallene und vergammelte Früchte liegen.
Es lohnt sich, auch wenn man in der Stadt lebt, mal ins Umland zu fahren, am besten mit dem Rad, und dabei die Augen offen zu halten. Oft stehen an Feldrändern z. B. Obstbäume.
Eine goldene Regel: Man sollte stets nur so viele Früchte sammeln, wie man selbst benötigt. Nur aus Gier möglichst viel zu sammeln und dann die Hälfte verschimmeln zu lassen, ist nicht schön. Stattdessen sollten wir lieber Freunde einladen und die »Beute« zusammen verzehren oder verarbeiten.

Saftiges Vollkorn-Apfelbrot

Für ein großes Brot

600 g säuerliche Äpfel (z. B. Boskoop)
300 g Roggenvollkornmehl
1 Päckchen Sauerteigextrakt (15 g)
400 ml lauwarmes Wasser
1 EL Zucker
200 g Kürbiskerne
1 Packung Trockenhefe
550 g Weizenmehl Typ 550 + etwas zum Kneten
1 ½ TL Salz

Zubereitungszeit:
Sauerteigansatz 20 Minuten
Teig 40 Minuten
Backzeit 45 Minuten

So geht's:

1. Äpfel waschen, trocken reiben, vierteln, entkernen und auf einer Gemüsereibe grob reiben.
2. Geriebene Äpfel mit Roggenmehl, Sauerteigextrakt und lauwarmem Wasser in eine Schüssel geben, vermengen und glatt rühren. Mit Frischhaltefolie abdecken und mindestens 12 Stunden (am besten über Nacht) bei Zimmertemperatur ziehen lassen.
3. Kürbiskerne auf einem Backblech verteilen und bei 200 Grad Ober-/Unterhitze (Umluft nicht empfehlenswert) ca. 10 Minuten rösten, bis sie zu knistern beginnen.
4. Am nächsten Tag Zucker und Trockenhefe zu dem Sauerteigansatz in die Schüssel geben und alles verrühren. Danach das Mehl mit den Knethaken des Handrührgerätes unter den Teig kneten. Anschließend auf einer bemehlten Arbeitsfläche

zu einem feuchten, aber nicht mehr klebenden Teig kneten. Gegebenenfalls noch etwas Mehl hinzugeben. Teig in einer Schüssel an einem warmen Ort mit einem Handtuch abgedeckt 30 Minuten gehen lassen.

5. Den Teig aus der Schüssel nehmen, Salz und Kürbiskerne in den Teig einarbeiten und ca. 10 Minuten auf der bemehlten Arbeitsplatte zu einem geschmeidigen, feuchten, aber nicht klebenden Teig kneten. Erneut zu einer Kugel formen, in die Schüssel legen, mit dem Handtuch abdecken und 30 Minuten gehen lassen.
6. Den Teig ein letztes Mal 10 Minuten auf der Arbeitsfläche kneten und nochmals zu einer Kugel formen, mit Mehl bestäuben und 60 Minuten in der Schüssel gehen lassen.
7. Backofen auf 250 Grad Ober-/Unterhitze (Umluft nicht empfehlenswert) vorheizen. Den Brotteig auf ein Backblech mit Backpapier stürzen und auf der mittleren Schiene in den Ofen geben. Eine Tasse heißes Wasser auf den Ofenboden schütten und die Ofentür schließen. 10 Minuten backen und dann die Hitze auf 200 Grad reduzieren und weitere 35 Minuten fertig backen. Aus dem Ofen nehmen und zum Abkühlen auf ein Kuchengitter geben und erst anschneiden, wenn das Brot gründlich ausgekühlt ist.

WILDKRÄUTER HALTEN GESUND UND SCHMECKEN GUT

Man liest immer häufiger von Wildkräutern und dass diese gut seien für die Gesundheit. Mit der Grüne-Smoothie-Welle ist anscheinend auch das gestiegene Interesse an Wildkräutern herangeschwappt. Die Menschen im Norden können diesen Hype vermutlich nur belächeln. Denn gerade die Menschen auf dem Land tun seit Jahr und Tag nichts anderes, als Salate und andere Speisen mit den würzigen Kräutern aufzupeppen, die hinter dem Haus, am Feldrand oder im Wald wachsen. Aber bestimmen muss man sie können, und das Wissen fehlt heutzutage vielen. Zum Glück gibt es ja Kräuterwanderungen, bei denen erklärt wird, wie Brennnesseln, Löwenzahn und Gänseblümchen aussehen. Die kennen Sie auch ohne Anleitung, wussten nur bisher nicht, dass man diese Pflanzen essen kann? Dann haben Sie schon einmal eine gute Basis und können gleich bei den Fortgeschrittenen mit Bärlauch, Waldmeister, Vogelmiere,

Spitzwegerich und Giersch mitmachen. Denn auch diese (Un-) Kräuter schmecken gut und machen in der modernen Kräuterküche eine gute Figur.

Leider ist die Artenvielfalt im Gesamten, also auch die von Kräutern und Wildkräutern, in den letzten Jahrzehnten stark gesunken. Das liegt unter anderem an intensiver, agrarindustrieller Landwirtschaft, die mit einem breiten Einsatz von Pestiziden einhergeht und Böden und Umwelt schadet. Doch Wildkräuter können unsere Ernährung ungemein bereichern, da sie einen hohen Nährstoffgehalt und teilweise sogar heilsame Wirkung haben.

WO WACHSEN WILDKRÄUTER?

Wildkräuter wachsen an sehr unterschiedlichen Standorten, etwa im Wald, am Feldrand, auf Brachflächen, auf Wiesen, an Bachläufen, an Hecken unter Sträuchern … So unterschiedlich die Standorte, so unterschiedlich sind auch der Wuchs und die Formen der Kräuter. Doch gerade als Wildkräutersammel-Anfänger muss man aufpassen, dass man nicht aus Versehen einen giftigen »Doppelgänger« pflückt. Bärlauch ist z. B. so ein Fall, der von ungeübten Sammlern auch mit den Blättern von Maiglöckchen oder Herbstzeitlosen verwechselt werden könnte.

KLEINES KRÄUTERSAMMEL-ABC

Gerade wegen der Verwechslungsgefahr sollten nur die Pflanzen gesammelt werden, die man eindeutig identifizieren kann und kennt. Keinesfalls sollten Kräuter gesammelt und zu Hause mithilfe eines Bestimmungsbuchs entschlüsselt werden. Die Gefahr danebenzuliegen, ist zu groß. Außer der Pflanzenkenntnis ist auch der Standort ein guter Hinweis auf die Pflanzenart, da eben bestimmte Pflanzen bestimmte Standorte bevorzugen. Findet man die Pflanze, die man sucht, sollte diese sorgfältig begutachtet werden. Nicht erwünscht sind Pflanzen mit Krankheiten, die sich z. B. durch verformte oder verfärbte Blätter zeigen oder auch Überzüge und Beläge, die auch an den Unterseiten der Blätter auftreten können. Außerdem sollten möglichst Kräuter mit jungen Trieben im Körbchen landen. Und damit Sie nicht wegen Kräuterwilderei ins Kittchen kommen, sollten Sie Wildkräuter nur in ortsüblichen Mengen, also einem kleinen Strauß, sammeln. Das ist gesetzlich vorgeschrieben. Und auch sinnvoll. Denn wenn auf einmal alles abgeerntet ist, haben die Pflanzen keine Chance, sich zu regenerieren, und im nächsten Jahr gibt es dann keine mehr.

Die beste Zeit zum Kräutersammeln ist der frühe Vormittag, wenn die Temperaturen zwischen 12 und 15 Grad liegen und der Tau bereits von der Morgensonne getrocknet wurde. Zum Ernten der Kräuter nehmen Sie am besten ein Messer oder eine Schere, und entnehmen Sie die Kräuter nur dort, wo mehrere stehen, damit sich die Pflanze regenerieren kann. Auf keinen Fall sollten Sie Tabula rasa machen und einfach alles mitnehmen –

bitte auch nicht einfach die Wurzeln mit rausreißen, deswegen haben Sie ja eine Schere dabei. Ohne Wurzel gibt es im nächsten Jahr keine neue Ernte. Es versteht sich von selbst, dass sich Kräuter, die an viel befahrenen Straßen oder in der Nähe von Feldern wachsen, die mit Pestiziden besprüht werden, nicht für den Einsatz in der Küche eignen und lieber stehen gelassen werden sollten. In Naturschutzgebieten dürfen grundsätzlich keine Pflanzen und Kräuter gesammelt werden, erst recht nicht, wenn sie unter Naturschutz stehen, dann sind Pflanzen grundsätzlich auch andernorts tabu.
Es können verschiedene Teile der Kräuter genutzt werden. Je nachdem, ob Sie Blätter, Blüten oder Samen nutzen wollen, gelten unterschiedliche Sammelhinweise. Kurz vor der Blütezeit der Pflanze ist die Konzentration ihrer Inhaltsstoffe am höchsten, daher eignet sich diese Zeit gut, um Blätter zu ernten. Blüten werden entweder zu Beginn oder bei voller Blüte gepflückt, das variiert von Pflanze zu Pflanze. Als Faustregel können Sie sich merken, dass junge Blätter, frische Triebe und Knospen, aber auch einige Wurzeln im Frühjahr, Kräuter im Sommer und Wurzeln und Samen im Herbst gesammelt werden. Wenn Sie erfolgreich waren, sollten Sie Ihre »Beute« nicht in einen Plastikbeutel legen, da die Kräuter sonst anfangen zu schwitzen. Besser eignen sich Körbe, Jute- oder Stoffbeutel oder auch Papiertaschen.

WILDE KRÄUTER IN DER KÜCHE

Kräuter sind nicht für alle Kücheneinsätze geeignet. Viele verlieren ihr Aroma, sobald man sie erhitzt, bilden Fehlaromen oder werden schlicht farblos. Daher ist ihre Verwendung in der kalten Küche einfacher. Frische Kräuter eignen sich gut, um Salate zu aromatisieren, sie würzen Öle und Essige oder runden ein Gericht ab, wenn man sie kurz vor dem Servieren darüberstreut. Lange lagern sollten Sie Kräuter allerdings nicht. Denn das führt bei vielen zu einem Verlust der wertgebenden Inhaltsstoffe. Außerdem welken sie rasch. Ist es dennoch nötig, Kräuter zu lagern, empfiehlt es sich, diese, in ein feuchtes Küchentuch eingeschlagen, in den Kühlschrank zu legen. Vor der Verwendung sollten Sie die Kräuter gründlich waschen, trocken schütteln und Stiele sowie »unschöne« Stellen entfernen. Oder Sie waschen und trocknen die Kräuter gründlich und geben Sie dann in einen Plastikbeutel. Wichtig ist, dass die Kräuter trocken sind, sonst schimmeln sie leicht. Blasen Sie Atemluft in den Beutel und verschließen Sie diesen dann gut. Durch das CO_2 aus der Atemluft bleiben die Kräuter länger frisch. Anschließend lagern Sie die Kräuter im Gemüsefach in Ihrem Kühlschrank.

Kräuter trocknen - gewusst wie

Sie können Kräuter auch trocknen. Am besten gelingt dies in einem Dehydrator, den Anhänger der Rohkost-Küche sicherlich kennen, vielleicht sogar besitzen. Da die meisten vermutlich keinen Dehydrator zu Hause haben, kommt für viele wohl diese Art der Wildkräutertrocknung infrage:

Binden Sie die Kräuter zu kleinen Sträußen zusammen und hängen Sie diese an einem luftigen, sauberen, schattigen und möglichst staubfreien Ort auf. Wenn Ihnen das lieber ist, können Sie die Kräuter auch liegend trocknen. Dann benötigen Sie einen Untergrund, der Feuchtigkeit aufnehmen kann, z. B. Papier oder Leinen. Idealerweise legen Sie die Kräuter auf einen bespannten Rahmen, dann kommt von unten und von oben Luft daran, und wenden Sie sie regelmäßig. Je nachdem, welche Kräuter Sie trocknen und wie die Temperaturverhältnisse sind,

dauert es von drei Tagen bis zu drei Wochen, bis die Kräuter vollständig getrocknet sind. Füllen Sie die Kräuter dunkel und luftdicht verschlossen ab und bereichern Sie Ihre Gerichte fortan mit selbst gesammelten und selbst getrockneten Kräuterschätzen. Hübsch verpackt sind diese Kräuter auch eine schöne Geschenkidee für liebe Freunde, die auch gerne kochen. Sie können sogar eigene Gewürzmischungen daraus zusammenstellen oder vielleicht auch einen eigens gemixten Kräutertee? Auch selbst gemachte Kräutersalze eignen sich als Geschenk und aromatisieren Ihre Lieblingsgerichte. Mischen Sie dazu Kräuter und Salz in einem Verhältnis von 70:30. Sie können auch eine Mischung mit Zucker probieren, der dann bei Süßspeisen zum Einsatz kommt.

Bärlauchöl

Für 1 l Öl

10 gesunde und ganze Blätter Bärlauch
Abgeriebene getrocknete Schale einer Biozitrone nach Belieben
1 l Olivenöl oder Rapsöl
1 heiß ausgekochte, trockene Flasche mit weiter Öffnung und Verschluss, die mind. 1 l Fassungsvermögen hat.

So geht's:

1. Bärlauch gründlich waschen, Blätter auf welke oder veränderte Stellen untersuchen. Nur makellose und gesunde Blätter verwenden. Anschließend die Blätter gründlich trocken

tupfen. Gelangen feuchte Blätter ins Öl, kann dies leicht verderben.

2. Wer mag, gibt noch ein wenig getrocknete Zitronenschale in die Flasche. Das gibt dem Öl ein frisches Zitrusaroma.
3. Flasche mit einem guten Oliven- oder Rapsöl auffüllen, sodass die Blätter vollständig bedeckt sind. Wer ein universell einsetzbares und neutrales Öl bevorzugt, sollte zu Rapsöl greifen. Die Flasche luftdicht verschließen und an einem dunklen, aber warmen Platz 2–3 Wochen ruhen lassen. Dabei von Zeit zu Zeit vorsichtig schwenken.
4. Nach 3 Wochen das Öl in eine heiß ausgekochte, saubere, trockene Glasflasche abseihen. Dabei die Kräuter und ggf. die Zitronenschale auffangen. Die Flasche luftdicht verschließen und kühl und dunkel lagern. Das Kräuteröl hält sich 3 bis 6 Monate, eignet sich wunderbar als selbst gemachtes Geschenk oder auch, um es selbst in der Küche zu verwerten.

Mit diesem Öl schmecken Salate sehr gut, lassen sich Nudelgerichte gut abschmecken oder Bratkartoffeln braten.

Der Vorteil: Da das Öl zwar aromatisiert ist, aber keine Kräuter mehr enthält, können diese beim Braten auch nicht verbrennen.

Sommer

Rezepte

Eingelegte Heringe
mit zwei verschiedenen Beilagen

Mittsommerfest in Schweden heißt feiern, tanzen und eingelegte Heringe (Matjes) mit Kartoffeln und Dill essen. Jede Familie in Schweden hat ihre eigene Variante von diesem traditionellen Gericht, hier werden ein paar präsentiert. Skål! – zum Wohl!

8-12 mittelgroße Frühkartoffeln
1 EL Salz
8 salzige Heringe à 90 g, gerne zwei unterschiedliche Sorten (z. B. rote und weiße)

Für 4 Portionen
Zubereitungszeit: ca. 45 Minuten

So geht's:

1. Die Frühkartoffeln mit einer Gemüsebürste unter fließendem Wasser gut säubern, in einen Topf geben und mit Wasser auffüllen, bis die Kartoffeln knapp bedeckt sind. Bei höchster Hitze und geschlossenem Deckel zum Kochen bringen, dann Salz hinzugeben und bei niedrigerer Hitze für ca. 25 Minuten köcheln lassen, bis die Kartoffeln gar sind, aber nicht zerfallen. Anschließend das Wasser abgießen.
2. Die Heringe abtropfen lassen und auf 4 Tellern zusammen mit den Kartoffeln und einer der unten genannten Beilagen anrichten.

Beilagen-Variante 1:
1 große rote Zwiebel
1 Bund Dill
1 Becher Schmand (oder Sauerrahm)

So geht's:

1. Die Zwiebel schälen und in Ringe schneiden. Dill waschen, trocken schütteln und ebenfalls fein hacken. Einige Zweige als Deko aufheben.
2. Schmand auf den Tellern mit den Heringen und den Kartoffeln anrichten. Die Zwiebelringe und den Dill darüberstreuen und mit Dillzweigen verzieren.

Beilagen-Variante 2:
1 Bund Schnittlauch
4 hart gekochte Eier (M)
150 g Butter

So geht's:

1. Schnittlauch waschen, trocken schütteln und in feine Ringe schneiden. Eier klein würfeln. Butter in einem Topf schmelzen.
2. Inzwischen Eier auf den Tellern mit den Heringen und den Kartoffeln anrichten. Die geschmolzene Butter über den Kartoffeln und den Eiern verteilen und mit viel Schnittlauch bestreuen.

Dazu gibt es meistens Radieschen, Knäckebrot und Schnaps.

Tipp: Salzige Heringe findet man in den meisten Supermärkten im Glas im Kühlregal. Wer keinen Hering findet, kann auch den in Deutschland eher bekannten Matjes statt der Salzheringe verwenden.

Sternschnuppe
Ein traditionelles Smørrebrød mit Fisch

In Skandinavien und vor allem in Dänemark gehört Smørrebrød bei besonderen Anlässen immer auf den Tisch.

500 g Schollenfilet
100 ml Weißwein
200 ml Wasser
1 Zweig Thymian
Zitronensaft
Salz
40 g Weizenmehl
1 Msp. Pfeffer
60 g Paniermehl
1 Ei (M)
Öl oder Butter zum Braten
8 EL Crème fraîche
4 EL Mayonnaise
1 TL Meerrettich
½ TL Salz
1 Msp. Cayennepfeffer
2 EL Zitronensaft
1 TL Tomatenmark
150 g küchenfertige Garnelen
4 Scheiben Roggenbrot
1 EL kalte Butter
4 Salatblätter,
z. B. Lollo Rosso
4-8 Scheiben Tomate
4 Dillzweige zum Garnieren
4 Zitronenscheiben
4 Scheiben geräuchertes
Lachsfilet

Für 4 Portionen
Zubereitungszeit: ca. 35 Minuten

So geht's:

1. Schollenfilets abtupfen und in 8 gleich große Stücke teilen. Vier der geteilten Schollenfilets zusammenrollen und mit Küchengarn oder Zahnstochern fixieren.
2. Weißwein, Wasser, Thymian, 2 EL Zitronensaft und 1 TL Salz in einem Topf aufkochen und die zusammengerollten Schollenfilets darin 8 Minuten bei niedriger Hitze und geschlossenem Deckel dünsten, bis sie gar sind.

3. Weizenmehl, 1 TL Salz und Pfeffer in einem tiefen Teller vermischen. Das Ei in einem weiteren tiefen Teller aufschlagen und verquirlen. Paniermehl in einen dritten tiefen Teller geben. Die restlichen 4 Schollenfilets erst in Mehl, dann im Ei und abschließend im Paniermehl wälzen. Dann in einer Pfanne mit heißem Öl oder heißer Butter 4 Minuten je Seite braten.
4. Crème fraîche, Mayonnaise, Meerrettich, ½ TL Salz, Cayennepfeffer, Tomatenmark und 2 EL Zitronensaft in eine Schüssel geben und zu einem Dressing verrühren. Garnelen in einem Sieb abtropfen lassen.
5. Das Roggenbrot mit einer dünnen Schicht Butter bestreichen. Auf jede Scheibe Roggenbrot ein Salatblatt legen und anschließend eine gedämpfte Rolle Schollenfilet. Dann ein paniertes Schollenfilet darauflegen und darauf wellenförmig eine Scheibe Lachs geben. Darauf die Garnelen legen und zum Schluss das Dressing darüber verteilen. Nach Belieben mit Tomaten, Zitronenscheiben und Dillzweigen garnieren.

Kaltschale mit knusprigen Keksen
»Kammerjunkere«

Diese Speise wird in Dänemark traditionell im Sommer serviert. Immer dann, wenn es draußen richtig heiß ist und man keine Lust auf warmes Essen hat oder als Nachtisch nach einem leichten Mittagessen. Die Kekse, die in die Kaltschale reingebröselt werden, kaufen sich 98 % der Dänen im Supermarkt. Sie schmecken aber bei Weitem nicht so gut wie die selbst gemachten, und es macht eigentlich gar nicht so viel Arbeit, sie selber zu machen. Den Teig für die Kekse kann man übrigens in rohem Zustand in fingerdicken Würsten einfrieren und, sollte einen die Lust auf Kaltschale mit Kammerjunkere wieder plagen, schnell auftauen und backen. Also ruhig die doppelte Menge machen. Das Rezept für die Kaltschale sollten Sie übrigens nie einem Dänen zeigen … Er würde behaupten, das sei keine richtige Kaltschale. Die Dänen verwenden für ihre Kaltschale »Tykmælk« *– ein säuerliches Milchprodukt, aber* »Tykmælk« *gibt es in Deutschland nicht zu kaufen. Servieren Sie Ihren dänischen Gästen aber ruhig diese Variante – sie werden den Unterschied nicht schmecken.*

Für die Kekse:
125 g Weizenmehl (Typ 550)
50 g Zucker
1 TL Backpulver
1 EL Vanillezucker
50 g Butter
1 Ei

Für die Kaltschale:
4 Eigelbe (M)
40 g Zucker
Saft einer Zitrone
10 g Vanillezucker
500 g Quark (20 % Fett)
500 ml Buttermilch oder Kefir

Für 4 Personen als Nachtisch
Zubereitungszeit: ca. 75 Minuten

So geht's:

1. Weizenmehl, Zucker, Backpulver und Vanillezucker in einer Schüssel gut vermengen. Die Butter in kleinen Stücken zugeben und mit den Fingern in der Mehlmischung zerbröseln. Das Ei zugeben und das Ganze zu einem glatten Teig kurz zusammenkneten. Den Teig in Frischhaltefolie einwickeln und ca. 1 Stunde im Kühlschrank ruhen lassen.
2. Inzwischen für die Kaltschale die Eigelbe und den Zucker in einer Schüssel mit dem Handrührgerät cremig schlagen – bis sich der Zucker aufgelöst hat. Dann den Quark und die restlichen Zutaten zugeben und alles zu einer glatten Masse verrühren. Abgedeckt kalt stellen.
3. Ein Backblech mit Backpapier auslegen. Den Ofen auf 175 Grad (160 Grad Umluft) vorheizen. Den Teig aus dem Kühlschrank holen, in 4 Stücke teilen und jedes Stück zu einer fingerdicken Wurst rollen. Dann den Teig in ca. 6 g leichte Stücke schneiden, jedes Stück zu einer Kugel rollen, auf das Backblech setzen und in der Mitte mit einem Finger etwas eindrücken.
4. Die Kekse ca. 15-20 Minuten backen (Mitte) und dann auf einem Kuchengitter auskühlen lassen.
5. Zum Servieren die Kaltschale in kleine Suppenteller oder Dessertschüsseln verteilen und die Kekse dazu servieren. Traditionell werden die Kekse einfach mit den Fingern in die Kaltschale hineingebröselt.

Blaubeerkäsekuchen

Der Käsekuchen ist nicht gerade eine nordische Erfindung, aber mit frisch gepflückten Blaubeeren einfach unwiderstehlich. Die Beeren reifen im Norden länger und haben daher einen viel intensiveren Geschmack als gezüchtete Heidelbeeren oder Blaubeeren aus südlicheren Ländern. Ich habe den Kuchen auch mit deutschen Blaubeeren vom Markt gemacht – schmeckt mir trotzdem viel zu gut …

Für den Boden:
100 g Butter
250 g Vollkornbutterkekse

Für die Käsefüllung:
450 g Frischkäse (Doppelrahmstufe)
200 g Blaubeeren
3 Eier (M)
100 g Zucker
Abgeriebene Schale einer Biozitrone

Für das Topping:
430 g Crème fraîche
50 g Zucker
das Mark einer Vanilleschote

Zum Garnieren:
200 g Blaubeeren
30 ml Wasser
50 g Akazienhonig
1 Tl Pfeilwurzelmehl
Abgeriebene Schale einer ½ mittelgroßen Bio-Zitrone

Ergibt ca. 12 Stücke
Zubereitungszeit: ca. 75 Minuten

So geht's:

1. Ofen auf 175 Grad (165 Grad Umluft) vorheizen. Butter in einem Topf bei mittlerer Hitze zum Schmelzen bringen. Kekse in einen Gefrierbeutel geben, oben zuknoten und mit

einem Nudelholz oder einem Fleischklopfer auf einer festen Unterlage zu Krümeln schlagen. Butter mit Kekskrümeln in einer Schale zu einer Teigmasse vermengen.

2. Eine Springform (ca. 26 cm Ø) mit Backpapier auslegen. Die Keks-Butter-Masse auf den Boden der Form drücken und ca. 10 Minuten im Ofen (Mitte) backen. Herausnehmen und auskühlen lassen.
3. Blaubeeren waschen und vorsichtig trocken tupfen. Frischkäse, Eier, Zucker und Zitronenabrieb in eine Schüssel geben und mit dem Handrührgerät zu einer cremigen Masse zusammenrühren. Blaubeeren vorsichtig unterheben. Auf den Keksboden gießen und 30 Minuten im Ofen (Mitte) backen.
4. Crème fraîche mit Zucker und Vanille in eine Schüssel geben, mit dem Handrührgerät verrühren und auf die gebackene Käsefüllung gießen. Weitere 15 Minuten backen.
5. Inzwischen das Gelee für die Garnitur vorbereiten. Dazu Heidelbeeren vorsichtig waschen, trocken tupfen und ein paar zur Seite legen. Wasser, Honig und Pfeilwurzelmehl in einem Topf bei mittlerer Hitze verrühren. Beeren hinzufügen und langsam aufkochen. 1–2 Minuten köcheln lassen. Dabei ab und zu umrühren. Zitronenabrieb hinzugeben und abkühlen lassen.
6. Den Kuchen auskühlen lassen und am besten über Nacht im Kühlschrank fest werden lassen. 1 Stunde vor dem Servieren aus dem Kühlschrank nehmen und mit Blaubeergelee und einigen Blaubeeren garnieren.

Holunderblütensirup

Dieser Sirup (oder Saft, wie er in Dänemark genannt wird) ist für mich wie Sommer in Flaschen gefüllt. Wenn ich so ein Glas trinke, kann ich den Holunder riechen und bin gefühlsmäßig sofort wieder in meiner Kindheit und denke an Mittsommer, Strand und die endlosen hellen Abende am Meer. Den Sirup am besten im Kühlschrank aufbewahren und innerhalb von 3 Monaten trinken. Man kann den Sirup natürlich mit verschiedenen Konservierungsmitteln länger haltbar machen oder ihn einfach einfrieren. Bei uns ist das nie notwendig …

40–50 Holunderblütendolden (bei trockenem Wetter pflücken oder auf dem Markt an einem Biostand kaufen)
2 l Wasser
1 kg Rohrzucker
4 Bio-Zitronen
Außerdem: 5 verschließbare Glasflaschen mit Deckel à 0,5 l

Ergibt ca. 2,5 l
Zubereitungszeit:
Tja, je nachdem wie eng die Holunderbüsche beieinanderstehen, wo man hochklettern muss, um die Blüten zu ergattern und wie lange man warten kann, bis man den Sirup seiht und trinkt …
ca. 30 Minuten + 3 Tage Ziehzeit

So geht's:

1. Die Dolden draußen in der Sonne auf Zeitungspapier ausbreiten, um eventuelles Ungeziefer wegfliegen oder wegkrabbeln zu lassen. Man kann die Blüten auch waschen – dabei geht aber der ganze Blütenstaub und damit auch viel Geschmack verloren.
2. Das Wasser mit dem Zucker aufkochen, bis sich der Zucker aufgelöst hat. Die Zitronen warm waschen und in ca. 4 mm dicke Scheiben schneiden.

3. In einem großen Topf oder in einem Plastikgefäß (für Lebensmittel geeignet) die Zuckerlösung mit den Zitronen vermengen und die Holunderblüten in die Flüssigkeit drücken. Das Ganze mit Frischhaltefolie oder mit einem Deckel zudecken und 3 Tage bei max. 10 Grad ziehen lassen.
4. Danach den Saft erst durch ein feines Sieb geben und dann nochmals durch ein Tuch oder durch einen Kaffeefilter seihen. Dann den Saft in einem sauberen Topf wieder aufkochen. Den dabei entstehenden Schaum mit einer Schöpfkelle abschöpfen. Den Sirup in heiß ausgespülte, trockene, saubere Flaschen füllen.
5. Beim Servieren den Saft mit Wasser oder Selters verdünnen, eventuell mit einer Scheibe Zitrone oder frischem Zitronensaft abschmecken.

Erdbeer-Rhabarbersirup

Erdbeeren und Rhabarber werden ungefähr zur gleichen Zeit reif und bilden einfach eine unschlagbare Kombination. Der Sirup ist – eiskalt getrunken – ein super Durstlöscher an warmen Tagen und schmeckt an kalten Tagen wie eine schöne Erinnerung an den Sommer. Auch als Aperitif, mit ein wenig Weißwein oder Sekt verdünnt, schmeckt er richtig lecker.

600 g Erdbeeren
600 g Rhabarber
1200 ml Wasser
300 g Rohrzucker
Außerdem: 2 Glasflaschen
(á 1 Liter) mit Verschluss

Ergibt ca. 1,7 l
Zubereitungszeit: ca. 60 Minuten

So geht's:

1. Die Erdbeeren waschen, und den Stiel abzupfen. Rhabarber waschen, Ende abschneiden und in ca. 3 cm lange Stücke schneiden.
2. Erdbeeren und Rhabarber in einen Topf geben, und das Wasser zugeben. Das Ganze bei mittlerer Hitze aufkochen und 15 Minuten köcheln lassen. Den Herd ausschalten, und den Saft im Topf auskühlen lassen.
3. Den Saft durch ein feines Sieb oder ein Tuch sieben und wieder in einen Topf geben. Mit dem Zucker kurz aufkochen und so lange köcheln lassen, bis sich der Zucker aufgelöst hat, eventuell sich oben ansammelnden Schaum mit einer Kelle abschöpfen und dann in die heiß ausgekochte, trockene Flasche füllen.

Zum Servieren den Saft mit Wasser im Verhältnis 1:3 verdünnen. Im Kühlschrank hält sich der Sirup bis zu 2 Monate.

Holunderblütenschnaps

Schnaps gehört bei vielen Feierlichkeiten im Norden einfach dazu. Sei es das Mittsommerfest, das Krebsfest, das Weihnachtsfest oder eines der vielen anderen Familienfeste. Dazu ertönt häufig Gesang, getreu dem Motto: ein Schnaps – ein Lied. Zu Sommerfesten passt dieser selbst gemachte Holunderblütenschnaps besonders gut.

10–20 Holunderblüten
750 ml Wodka
100 g Zucker
Außerdem: 1 l Schraubglas

Ergibt ca. 1 l
Zubereitungszeit: 20 Minuten + mindestens 4 Wochen lagern

So gehts:

1. Die Holunderblüten vorsichtig ausschütteln, vom Stängel trennen und in ein heiß ausgespültes, trockenes und sauberes 1-Liter-Glas geben. Den Wodka darüber geben, sodass alle Blüten bedeckt sind. Glas sorgfältig verschließen und für vier Wochen an einem kühlen, dunklen Ort lagern.
2. Nach vier Wochen die Flüssigkeit durch ein Küchentuch in ein anderes heiß ausgespültes, trockenes und sauberes 1-Liter-Glas abseihen, sodass Holunderblüten abgefangen werden und nur die klare Flüssigkeit zurückbleibt. Je nach Geschmack 100 g Zucker zugeben, verschließen, schütteln und wieder an einem kühlen, dunklen Ort lagern. Ab und zu schütteln. Wenn sich der Zucker vollständig aufgelöst hat, ist der Holunderblütenschnaps fertig.

Brombeerschnitten

Eigentlich sollten es Himbeerschnitten sein … Himbeerschnitten sind in Dänemark ein sehr beliebter Kuchen – oder eigentlich etwas zwischen Keks und Kuchen –, den es bei jedem Bäcker zu kaufen gibt. Er besteht aus 2 Schichten Mürbeteig, die mit Himbeermarmelade zusammengelegt und mit Zuckerguss und Streuseln verziert werden. Warum dann plötzlich Brombeerschnitten? Weil sie einfach noch leckerer sind: die Säure der Brombeere in Kombination mit dem süßen Teig. Noch leckerer wird es, wenn Sie den Mürbeteig mit Mandelmehl verfeinern … Und wenn Sie keine Brombeeren haben, dann nehmen Sie einfach Himbeeren …

Für den Mürbeteig:
300 g kalte Butter
350 g Mehl, Typ 405
150 g gemahlene Mandeln
250 g Puderzucker
1 Ei (M)

Für die Brombeermarmelade:
250 g Brombeeren
85 g Gelierzucker 3:1

Für den Zuckerguss:
100 g Puderzucker
ca. 2 EL Wasser

Bunte Streusel oder gefriergetrocknetes Himbeer- oder Brombeerpulver zum Verzieren

Ergibt ca. 30 Stück
Zubereitungszeit: ca. 60 Minuten

So geht's:

1. Die Butter ca. 30 Minuten vorher aus dem Kühlschrank nehmen. Mehl, Mandeln und Puderzucker in eine Schüssel geben. Die Butter in Würfel schneiden und dazugeben. Mit den Fingern die Butter mit Mehl und Puderzucker zu Flocken verarbeiten.

2. Das Ei in einem Glas aufschlagen. Mit einer Gabel verquirlen und zur Butter-Mehl-Mischung geben. Schnell den Mürbeteig mit den Händen glatt kneten. Nur so lange kneten, wie es wirklich notwendig ist. Den Teig in Frischhaltefolie wickeln und ca. 1 Stunde im Kühlschrank ruhen lassen.
3. Währenddessen Brombeeren und Gelierzucker in einem kleinen Topf zum Kochen bringen und ca. 10 Minuten offen köcheln lassen. Dabei gelegentlich umrühren. Mit einem Schneebesen die Beeren etwas zerdrücken.
4. Den Ofen auf 200 Grad (180 Grad Umluft) vorheizen. Die Arbeitsfläche mit Mehl bestreuen und mit dem Nudelholz den Mürbeteig in ca. 5 mm dicke, 10 cm breite und 40 cm lange Streifen ausrollen, sodass Sie immer 2 gleich große Streifen haben, die nachher zusammengelegt werden können.
5. Die Streifen ca. 11-12 Minuten backen (Mitte). Sie müssen am Rand Farbe annehmen und in der Mitte gebacken, aber nicht zu dunkel sein. Währenddessen den Zuckerguss vorbereiten. Dazu Puderzucker und Wasser miteinander zu einer dickflüssigen Masse verrühren. Darauf achten, dass sich keine Klümpchen bilden.
6. Sofort nach dem Backen je einen Streifen mit Brombeermarmelade bestreichen und den anderen Streifen obendrauf legen. Den oberen Streifen mit Zuckerguss und Streuseln verzieren und schnell aus den Streifen ca. 4 cm breite Schnitten schneiden. Die Brombeerschnitten auskühlen lassen und in Tupper- oder Keksdosen aufbewahren.

Blaubeereis

Etwa 17 % der Fläche Schwedens ist mit Blaubeerbüschen bewachsen. Wer einmal durch Schwedens Wälder streift, sollte unbedingt wilde Heidelbeeren vom Strauch pflücken. Sie schmecken viel aromatischer als die Kulturheidelbeeren, die es bei uns in den Supermärkten zu kaufen gibt.

300 g Blaubeeren oder Heidelbeeren, frisch oder gefroren
500 ml Sahne, 32 % Fett
2 Eier (M)
125 g Zucker
Saft von 2 Zitronen

Ergibt ca. 1 l Eis
Zubereitungszeit:
30 Min. + Kühlen

So geht's:

1. Blaubeeren in einen Topf geben, zum Kochen bringen und 2 Minuten köcheln lassen. Danach die Blaubeermasse abkühlen lassen.
2. Sahne in eine Schüssel geben und mit dem Handrührgerät steif schlagen.
3. Eier und Zucker in eine zweite Schüssel geben und mit dem Handrührgerät ca. 5 Minuten cremig schlagen.
4. Sahne, Ei-Zucker-Masse und die abgekühlten Blaubeeren vorsichtig miteinander vermischen und entweder in die Eismaschine geben oder in den Gefrierschrank stellen und einfrieren. Wenn Sie das Eis im Gefrierschrank frieren lassen, sollten Sie drei Stunden lang ca. jede ½ Stunde die Masse kurz umrühren, damit sich keine Eiskristalle bilden.

Herbst

»Im Herbst und Winter ist es dunkel,
wenn wir morgens von zu Hause fortgehen, und dunkel,
wenn wir nachmittags zurückgehen. Es wäre schrecklich langweilig,
den ganzen langen Weg allein im Dunkeln zu gehen,
aber da wir sechs sind, ist es nur lustig.«

ASTRID LINDGREN
»WIR KINDER AUS BULLERBÜ«

Im **Frühherbst** werden die Heidelbeeren reif. Prall und kräftig blau blitzen sie an den Sträuchern. Man muss nur zugreifen. Auch ist jetzt die Zeit, in der in der Küche für den Winter vorgesorgt wird: Vorräte werden gesammelt und eingekocht, eingefroren oder getrocknet, um im Winter noch Sommeraromen auf den Tisch zaubern zu können. Wenn die Tage kürzer werden und der Nebel sich dicht über die Felder legt, ändern die Bäume ihre Farbe, und man merkt, wie der Winter langsam näher rückt. Die richtige Zeit, um Pilze zu sammeln, Nüsse, Äpfel und Wurzelgemüse zu ernten und für den Winter einzulagern.

DRAUSSEN SEIN BEI WIND UND WETTER

In Skandinavien gibt es viele Natur- oder Waldkindergärten. In Dänemark schon seit 1950, in Deutschland kamen sie erst etwa 40 Jahre später auf. Über zehn Prozent der dänischen Vorschulen befinden sich im Wald oder in anderer naturgeprägter Umgebung. In diesen etwa 500 Einrichtungen wird die Natur in den Mittelpunkt kindlichen Lernens gestellt. Kinder lernen dort z. B., woher die Eier kommen, indem sie sie bei den Hühnern einsammeln gehen, sie sind dabei, wenn Küken schlüpfen, aber auch (mit Einwilligung der Eltern) wenn die Hähnchen später geschlachtet werden. Einige Kinder helfen sogar beim Rupfen der Federn. So lernen sie von klein auf, wo ihre Lebensmittel herkommen. Sie wissen, dass das abgepackte Hähnchen im Supermarkt ehemals ein gackerndes Huhn war, das Eier gelegt hat, gefüttert und gepflegt werden musste. So rief ein Kindergar-

tenjunge, der half, einem Hähnchen die Federn auszurupfen: »Oh, darunter ist Hühnchenfleisch.« Bei den ganzen Erfahrungen, die die Kinder in und mit der Natur sammeln, bleibt aber genug Zeit und Raum für jedes Kind, sich zu entwickeln.

Doch die Kinder spielen nicht nur bei Sonnenschein im Freien, sondern auch bei Wind und Wetter. Denn schlechtes Wetter gibt es nicht, nur unpassende Kleidung. Das ist das erklärte Motto der kleinen und großen Leute im Norden. Und so wird, gut eingepackt, in Pfützen gesprungen, durch Matsch gestapft, im Wald gespielt … der Regenanzug und die Gummistiefel sind fester Bestandteil jeder Kindergartengarderobe in Dänemark, so gibt es auch keine Ausreden für Stubenhocker, die es lieber drinnen gemütlich angehen lassen würden. Vormittags wird nämlich *immer* draußen gespielt. Und wenn die Kinder müde sind, wird es Zeit für den Mittagsschlaf, der natürlich auch draußen stattfindet. In den Kinderkrippen und Kindergärten gibt es große Kinderwagen oder Holzkrippen auf Rädern, in denen die Kinder zum Mittagsschlaf nach draußen geschoben werden. Und auch meine Co-Autorin Lotte legt ihre Tochter, wie in Dänemark üblich, zum Mittagsschlaf dick eingemummelt in den Kinderwagen, der auf der Dachterrasse steht, und zwar sogar bei Minustemperaturen – dann wird der Nachwuchs eben entsprechend verpackt.

IM MEER BADEN RUND UMS JAHR

Nicht nur Kinder spielen und lernen gerne in der Natur. Es war an einem kühlen Septembertag an Dänemarks Ostseeküste. Ich ging, in Pullover und Regenjacke eingehüllt, morgens in den Dünen spazieren. Plötzlich sah ich einen alten, buckligen Mann, nur mit Badehose bekleidet, barfuß durch die Dünen eilen, geradewegs auf die kalte, wellenbewegte See zu. Er stürzte sich in die Fluten und nahm sein morgendliches Bad im Meer. Als er vom Schwimmen zurückkam, wurde sein nasser Körper von Windböen umweht, und ohne Handtuch machte er sich auf seinen Weg zurück. Vielleicht ist gerade dieses Abgehärtet-Sein ein Geheimnis seines hohen Alters. Und vielleicht befindet er sich bereits in den Vorbereitungen auf das Winterbaden.

SÜSSE FAMILIENTRADITION

Familienleben steht in den nordischen Ländern an erster Stelle, und das wird von den Regierungen auch unterstützt. Es ist nicht ungewöhnlich, sich Urlaub zu nehmen, weil man zu Hause gebraucht wird. Man verbringt viel Zeit mit der Familie, Verwandten und Freunden, um zu essen, zu trinken und eine gute, gemütliche Zeit miteinander zu haben. Im Sommer natürlich meistens draußen und im Winter eben drinnen. Ein besonderes Familienritual ist zum Beispiel das dänische *fredagsslik*. Diese Tradition besteht darin, dass es einmal in der Woche, typischer-

weise freitags oder samstags, Süßigkeiten gibt, die zusammen geknabbert werden. Das hat einen besonderen Hintergrund. Viele Familien streben an, so wenig Zucker wie möglich einzusetzen. In vielen dänischen Kindergärten gibt es gar keinen Zucker, Kinder dürfen nichts Zuckerhaltiges mitbringen, auch nicht zum Geburtstag. Lotte hält es für sinnvoll, den Zucker aus Kindertageseinrichtungen zu verbannen: »Kinder (wie Erwachsene) brauchen keinen zusätzlichen Zucker. Es ist unheimlich schwierig, den Zuckerkonsum zu steuern, wenn alle Kinder was mitbringen dürfen und es zusätzlich z. B. Nachtisch mit Zucker gibt oder die vielen Geburtstagsfeiern mit Kuchen und Süßigkeiten. Als Mutter finde ich es schwierig, den Zuckerkonsum meiner Kinder zu kontrollieren, weil man nie weiß, wie viel Zucker sie schon vom Kindergarten her intus haben. Kinder sollen eine gesunde und ausgewogene Ernährung bekommen, die ihnen Energie und Kraft zum Wachsen, Spielen und Lernen gibt. Außerdem finde ich es extrem wichtig, dass Kinder sich von Anfang an einen gesunden Lebensstil aneignen. Denn unsere Essgewohnheiten werden schon früh im Kindesalter angelegt, und es ist extrem schwierig, diese später zu ändern. Das weiß jeder, der an Übergewicht leidet. Die Freude an gesundem Essen ist das größte Geschenk, das Eltern ihren Kindern machen können. Das bedeutet nicht, dass man überhaupt nichts Süßes essen darf oder soll – süß gehört für mich auch dazu –, aber in kontrollierten Mengen und nur als ›Zugabe‹ oder bei besonderen Gelegenheiten und nicht als Hauptnahrungsmittel.«
Das bedeutet nicht, dass Dänemark allen leckeren, süßen Naschereien abgeschworen hat. Oh nein, ganz im Gegenteil. In unseren Rezepten sieht man eindeutig, dass die Dänen Süßes

sehr wohl genießen können. Und das ist auch das Stichwort – genießen. Es geht nicht darum, Zucker andauernd und in Unmengen zu konsumieren, sondern darauf zu achten, sich bewusst zu ernähren und zuckerhaltige Speisen nur zu besonderen Anlässen ausgiebig zu genießen.
Eine besondere Gelegenheit, bei der ein süßer, zuckerhaltiger Kuchen natürlich nicht fehlen darf, ist der schönste Tag im Leben eines jeden Kindes – der Geburtstag. Auch in Astrid Lindgrens »Wir Kinder aus Bullerbü« wird darauf hingefiebert: Das Geburtstagskind Lisa liegt im Bett und kann eigentlich nicht mehr schlafen. Sie wälzt sich so lange so laut im Bett, bis ihre Brüder aufwachen, sich aus dem Zimmer schleichen und mit ihrer Mutter das Geburtstagsfrühstück für Lisa herrichten. Auf ein Tablett kommen Kuchen, Kerzen und Blumen. Singend kommt die Familie in Lisas Zimmer und »weckt« das Geburtstagskind mit einem Ständchen und leckerem Frühstück. Eine schöne schwedische Tradition, die in Dänemark damit verfeinert wird, dass überall – im Kuchen, vor der Haustür, auf Servietten gedruckt – die dänische Fahne steckt.

AUSFLUG IN DIE ZUCKERBÄCKEREI

Ein besonderes Süßigkeitenerlebnis ist ein Ausflug in die Bonbonfabrik in Mariannelund in Schweden. In Mariannelund in der Nähe von Vimmerby gibt es noch eine Zuckerbäckerei namens »Mariannelund Karamelkokeri«, die Bonbons herstellt wie vor rund 100 Jahren. Schon Astrid Lindgren kaufte dort ihre Naschereien, und seitdem hat sich kaum etwas verändert. In echter Handarbeit werden Bonbons gemacht und Fudges geformt. Das schmeckt man auch. Und schließlich kleben die süßen Leckereien auch noch aneinander, was zeigt, dass keine künstlichen Stoffe eingesetzt wurden, die dafür sorgen, dass sie dies nicht tun (wie so oft bei industriell gefertigten Süßigkeiten zu beobachten ist). Zwischen Zuckerstangen, Karamellen und bunten, süßen Bonbons in verschiedensten Geschmacksrichtungen finden Kinder wie Erwachsene hier ein Stück liebevolles Küchenhandwerk, das nicht nur hübsch anzusehen ist, sondern das man sich so richtig auf der Zunge zergehen lassen kann.
Außerdem merken wir dann, wie viel Arbeit und vor allem – welche Zutaten – in den süßen »Lutschereien« stecken. Und die Kinder können stolz sein, so etwas Leckeres selbst gemacht zu haben.

Saure Drops

50 ml Wasser
225 g Zucker
63 g Traubenzucker
1 EL Zitronensäure
zum Drüberstreuen
11 Tropfen naturreines
Zitronenöl
Rapsöl

Besonderes Werkzeug:
Silikonbackmatte oder Backpapier
hitzebeständige Unterlage
(z. B. Blech oder Stein)
2 Küchenspachtel
Schere
gut beschichteter Topf (alufrei)
Kochthermometer

Für eine kleine Tüte
Zubereitung: ca. 45 Minuten

So geht's:

1. Alle Zutaten abmessen und bereitstellen. Silikonbackmatte auf Blech oder Stein fixieren. Wer ein Backblech benutzt, sollte noch ein nasses Tuch zwischen Blech und Arbeitsplatte legen. Silikonbackmatte, Küchenspachtel und Schere mit Öl einreiben.
2. Wasser und beide Zuckersorten in einem Topf zum Kochen bringen. Masse auf 155 Grad erhitzen. Das dauert etwa 10 Minuten, und Sie sollten den Kochvorgang mit einem Thermometer kontrollieren. Dabei möglichst wenig umrühren, aber auch nicht anbrennen lassen. Arbeiten Sie vorsichtig, da die Masse sehr heiß ist und Sie Spritzer evt. verletzen könnten.

3. Die heiße Masse auf die Silikonbackmatte geben und das Zitronensäurepulver und das Zitronenöl gleichmäßig über die Masse geben. Mit den Küchenspachteln die Masse zügig zur Mitte falten. Einige Male wiederholen, bis Zitronensäure und Zitronenöl untergemischt sind. Die Masse etwas auskühlen lassen, dann diese mit den Händen zu einer Rolle formen. Je kräftiger die Masse geknetet wird, desto mehr Luft gelangt in den Bonbonteig und desto heller wird er. Die Bonbonrolle dann in die Länge ziehen, bis sie die gewünschte Dicke hat, und dann mit der Schere in kleine Stücke schneiden.
4. Backpapier auslegen und Bonbons darauf einzeln auslegen. Mit wenig Zitronensäure bestreuen und durchmischen, sodass die Bonbons von allen Seiten bedeckt sind. Nachdem die Bonbons hart sind, halten sie sich luftdicht verschlossen in einem Glas besonders gut.

SELBERMACHEN UND SELBST VERSORGEN

»Eines Tages kam Britta auf den Einfall,
dass wir uns unsere eigene kleine Hütte in einer Spalte
zwischen ein paar großen Felsblöcken bauen sollten.
Oh, das machte Spaß! Wir richteten sie wundervoll ein,
und es war die schönste kleine Hütte,
die wir je gehabt hatten.«

ASTRID LINDGREN:
»WIR KINDER AUS BULLERBÜ«

HYGGE HEISST GEMÜTLICHKEIT

Wenn das Feuer im Kamin knistert und man in eine Wolldecke eingemummelt auf dem Sofa sitzt, draußen der Regen ans Fenster prasselt und der Wind die Bäume biegt und um die Häuser pfeift – dann ahnt man, was die Dänen meinen, wenn sie von *hyggeligt* sprechen. *Hygge* ist es aber auch im Sommer, wenn die Hängematte zwischen den Kirschbäumen aufgespannt ist und man sanft hin- und hergeschaukelt wird, während man das Meeresrauschen oder Vogelgezwitscher im Ohr hat. *Hygge* meint eine beschauliche Gemütlichkeit, die bei den Dänen quasi zur Nationalkultur gehört, aber auch in Schweden und anderen nordischen Ländern zu finden ist. Und nicht zuletzt kann man

es sich jederzeit selbst *hyggeligt* machen – wo immer man auch gerade ist.

Hyggeligt ist es vor allem, wenn viele liebe Menschen zusammenkommen, um gemeinsam zu essen, zu trinken und eine schöne Zeit miteinander zu verbringen. Auch die Tische sehen bei diesen Anlässen besonders gemütlich aus. Doch auch im normalen Alltag schaffen es die Menschen im Norden immer, ein Stück Gemütlichkeit am Tisch zu platzieren.

NORDISCHE TISCHDEKO

Wenn Sie sich auch ein Stück Norden auf Ihren Tisch holen möchten, kann dies leicht geschehen: Generell mögen es die Menschen im Norden gerne schlicht und klar – auf unnötige Schnörkel, Verzierungen und Kinkerlitzchen wird verzichtet. Die Farben und Materialien sind meist von der Natur inspiriert und eher hell als dunkel. Die Grundfarbe, um die sich alles dreht, sollte stets weiß oder naturfarben sein.

Tischdekor

Besorgen Sie sich einen alten Mehl- oder Kaffeesack aus Leinen oder Jute (z. B. auf dem Flohmarkt) oder nehmen Sie ein Stück groben Leinenstoffs und schneiden Sie ihn so zu, dass er als Läufer auf Ihren Tisch passt. Dann steppen Sie mit der Nähmaschine die Kanten ab – fertig ist die neue Tischdecke.

NATURINSPIRATIONEN

Wenn Sie Gäste erwarten, können Sie die weißen Servietten noch mit Gartenschnur umwickeln und darunter, je nach Jahreszeit, ein Kräuterbündel, ein paar Wiesenblumen, bunte Herbstblätter, eine Zimtstange oder einen kleinen Tannenzweig stecken.

Haben Sie noch irgendwo eine alte Milchkanne oder einen Blechkrug? Darin sehen im Sommer ein bunter Wiesenstrauß oder im Herbst ein paar Hagebuttenzweige oder Feuerdorn schön aus. Im Winter eignen sich trockene Zweige, die Sie mit Weihnachtsanhängern schmücken können.

Wenn Sie handwerklich geschickt sind, bietet sich folgende Idee an: Suchen Sie sich einen möglichst geraden Ast, der ca. ⅔ der Länge Ihres Tisches und ca. 8 cm Durchmesser hat und gerade aufliegt. Markieren Sie die Stellen, an denen Sie gerne Teelichter einsetzen würden. Mit einer Lochfräse fräsen Sie dann an den Stellen ein ca. 1,5 cm tiefes und ca. 4,5 cm weites (etwas größer als ein Teelicht) Loch. Dieses können Sie noch mit Öl ausreiben. Wenn der Ast nicht gerade aufliegt, können Sie an den äußeren Stellen, an denen er aufliegen sollte, die Rundung gerade sägen, dann liegt er sicherer. Fertig ist der individuelle Kerzenhalter für Ihren Tisch. Wenn er so zu viel Platz wegnimmt, können Sie auch noch eine Aufhängung befestigen und den Kerzenhalter über dem Tisch aufhängen. Je nach Jahreszeit können Sie den Ast verzieren. Vor allem zur Weihnachtszeit können Sie daran noch zusätzlich Weihnachtsschmuck aufhängen oder den Ast mit einer Lichterkette umwickeln.

Tipp: Wenn Ihnen das zu mächtig ist, können Sie den Ast auch in kleine Stücke schneiden und diese aufrecht hinstellen. Dann fräsen Sie das Loch oben hinein und können mehrere Kerzenhalter nebeneinander dekorieren. Achten Sie darauf, dass der Ast trocken ist, also möglichst abgelagert. Sonst schimmelt er leicht.

SOLIDARISCHE LANDWIRTSCHAFT

Wer auf der Suche nach wild wachsenden Früchten, Nüssen oder Obst Lust bekommen hat, nicht nur im Sommer wildes Obst zu sammeln, sondern ein ganzes Jahr nach den Jahreszeiten zu leben, der könnte mal »solidarische Landwirtschaft« ausprobieren. Hinter diesem sperrigen, nicht gerade nach Genuss klingenden, Wort verbirgt sich ein Konzept, das Bauern Planungssicherheit und »Investoren« Nahrungsmittel zu einem monatlichen Festpreis garantiert. Solidarische Landwirtschaft oder auch Community

Supported Agriculture (CSA) ist das Gegenmodell zur industriellen Landwirtschaft und steht in Deutschland gerade erst am Anfang. Es gibt noch nicht viele Höfe, die daran teilnehmen, aber die Zahl steigt. Oftmals sind es Öko-Höfe, die dabei mitmachen. Gerade biologisch-dynamisch bewirtschaftete Höfe bauen häufig eine Vielzahl an Pflanzen an und halten dazu Tiere. Auf den Höfen wiederum werden daraus oftmals Käse und Joghurt hergestellt, Getreide wird gemahlen und Brot daraus gebacken. Dabei werden nicht die einzelnen Produkte bezahlt, sondern die Mitglieder einer solchen Hofinitiative zahlen einen monatlichen Mitgliedsbeitrag. Mit diesen Beiträgen finanziert der Hof seinen Unterhalt und bekommt so Planungssicherheit, die Mitglieder bekommen dafür im Gegenzug Lebensmittel zu fixen Preisen. Ist die Ernte reich, gibt es mehr, fällt sie schmaler aus, gibt es weniger. Und alles natürlich saisonal. Im Sommer herrscht Fülle, im Winter gibt es vor allem Kohl und Wurzelfrüchte. Je nach Hof gibt es Listen, in denen die Mitglieder wöchentlich ankreuzen können, ob sie Brot, Joghurt oder andere Produkte haben möchten. Das verhindert eine Überproduktion. Dieses Modell erlaubt den Landwirten, auch alte Sorten anzubauen, die für den Erhalt der Artenvielfalt und die zukünftige Ernährungssicherung wertvoll, aber im Anbau oft sehr aufwendig sind oder nur geringe Erträge liefern und sich damit für den kommerziellen Anbau im gro-

ßen Stil nicht eignen. Auf manchen Höfen gibt es Fahrgemeinschaften der Mitglieder, die abwechselnd die Lebensmittel abholen, auf anderen Höfen bringt der Bauer die Lebensmittel selbst zu einer zentralen Sammelstelle. So unterschiedlich und vielfältig wie die angebauten Lebensmittel sind auch die Modelle zwischen Landwirt und Mitgliedern. Eines haben alle gemeinsam: Sie leben mit den Jahreszeiten, durchleben gemeinsam karge und reiche Ernten und lernen den langen Winter gut zu überstehen, indem sie im Sommer gut vorgesorgt haben durch Einkochen, Einfrieren, Lagern und Co.

Wenn Sie wissen wollen, ob es in Ihrer Nähe auch eine Initiative gibt, schauen Sie unter www.solidarische-landwirtschaft.org nach oder sprechen Sie Landwirte in Ihrer Region gezielt an, ob sie sich so etwas vorstellen könnten. Mit diesem Modell lebt man auf jeden Fall nah an der Natur, lernt Lebensmittel wieder wertzuschätzen und tut Gutes für die Umwelt, indem man der industriellen Massenproduktion etwas entgegenstellt.

FOOD-COOPS

Etwas Ähnliches wie solidarische Landwirtschaft sind Food-Coops – Lebensmittel-Kooperativen. Menschen, die an regionaler und saisonaler Ernährung interessiert sind und auch ökologische Gesichtspunkte sowie fairen Handel miteinbeziehen, schließen sich zu Gemeinschaften zusammen und organisieren Einkauf und Verteilung von Lebensmitteln eigenständig, und zwar direkt vom Erzeuger. Somit entfällt die Zwischenstufe Supermarkt, die Pro-

dukte sind meist frischer, und die Mitglieder wissen, wie und unter welchen Bedingungen diese erzeugt wurden. Der Preis, den die Mitglieder einer Kooperative zahlen, ist ihr persönliches Engagement. Bestellen, abholen, einsortieren, abrechnen und putzen sind Aufgaben, die übernommen werden müssen. Einige Kooperativen haben einen Lagerraum, in dem Lebensmittel zwischengelagert werden können, andere verteilen die Lebensmittel gleich direkt an ihre Mitglieder – ohne zentrale Lager- oder Verteilungsstätte. Unter www.foodcoops.de können Sie sich ausführlicher informieren und nachschauen, ob es eine solche Initiative bei Ihnen in der Nähe gibt. Dort finden Sie auch Unterstützung, wenn Sie eine Food-Coop gründen wollen.

Absoluter Vorteil dieser Bewegungen ist es, dass Lebensmittel wieder mehr Wertschätzung erfahren. Wer so stark in den Produktionsprozess eingebunden ist, dem tut es besonders weh, wenn einem etwas schlecht wird und man es wegwerfen muss. Außerdem bekommt man einen Bezug zu dem, was gerade Saison hat, und unterstützt zudem regionale Landwirtschaft. Man hat direkten Bezug zu einem Ort, zu Menschen, die viel Zeit und Engagement darauf verwenden, dass etwas heranwächst, das, was da auf dem Teller liegt, ist plötzlich nicht mehr irgendetwas von irgendwoher, sondern hat ein Gesicht und schmeckt dann auch gleich viel besser.

BROT SELBER BACKEN

Ein angesagter Ort, um dieses alte Handwerk neu zu erlernen, ist die Skærtoft Mühle. Diese Mühle mahlt traditionellerweise Mehl. Als deren Betreiber, die dänische Familie Risgaard Bonde, von konventioneller auf ökologische Herstellung umgestiegen ist, haben sie sich überlegt, was man außer Mehl noch anbieten könnte. Also begann die Familie Brot zu backen und später auch Kurse im Brotbacken anzubieten. Diese Kurse kosten ein kleines Vermögen – 1250 Dänische Kronen, das entspricht etwa 167 Euro für wenige Stunden –, doch sind sie weit im Voraus ausgebucht. Was ist das Geheimnis? Und warum interessieren sich gerade heute plötzlich so viele Menschen für die alte Tradition des Brotbackens, wo man unendlich viel Auswahl an Brotfarbe, -form und -größe in jedem Supermarkt oder in den zahlreichen Bäckereien findet? Warum sollte sich jemand die Mühe machen, ausgerechnet jetzt sein Brot selbst zu backen, wo er es doch an jeder Ecke kriegen kann?

Brot backen ist anders als Kuchen backen oder kochen. Das liegt mit daran, dass um einen Laib Brot uralte Bedeutungen mitschwingen: Schon Jesus teilte sein Brot. Das Brot brechen, um es mit anderen zu teilen, ist also eine uralte Form, Gemeinschaft zu erfahren, Zusammengehörigkeit, aber auch für den anderen da sein, sich um ihn kümmern. Die kirchliche Organisation »Brot für die Welt« spiegelt dieses gleichsam in ihrem Namen, schafft Zusammengehörigkeit und Verbundenheit mit allen Menschen auf dieser Erde und ruft dazu auf, uns umeinander zu kümmern. Auch in unserem Tagesablauf spielt Brot eine wichtige Rolle: Viele machen mittags oder nachmittags »Brotzeit«, oder abends wartet das »Abendbrot«. Brot ist also eng mit unserer Esskultur verknüpft und hat starke Symbolkraft. So zeugt ein am frühen Morgen von den Eltern geschmiertes Pausenbrot von Liebe und signalisiert dem Kind auch während des Tages »Ich sorge für dich«. Wie viel mehr Liebe noch steckt wohl in einem selbst gebackenen Brot?

Wer Brot backen will, braucht Geduld und Zeit. Es gibt zwar auch »schnelle Brote«, die für Einsteiger gut geeignet sind und rasche Erfolgserlebnisse ermöglichen, aber jemand, der Lunte gerochen hat und Spaß an dem Handwerk gefunden hat, der möchte Sauerteigbrot backen. Und das dauert. Sauerteigbrot, insbesondere Roggenbrot, ist ein traditionell nordisches Brot, und die Zutaten variieren je nach Region. Als Lotte das Rezept für das Sauerteigbrot (Seite 163 ff.) entwickelte, war sie ganz verzweifelt, denn der Sauerteig macht letztendlich den ganz besonderen Geschmack dieses Brotes aus. Mit gekauftem, flüssigem Sauerteig schmeckt das Brot halt nicht so gut wie mit einem Sauerteig, den man von Generation zu Generation wei-

tergegeben hat, wie das bei Lotte der Fall war. Denn wenn man jedes Mal ein bisschen Teig für das nächste Mal aufbewahrt, hat man immer schon gleich den Grundstock an Sauerteig parat. Darum ist Lottes Tipp: »Wenn Sie niemanden kennen, der Ihnen ein Stückchen Sauerteig abgeben könnte, gehen Sie zu dem Bäcker, der Ihr liebstes Roggenbrot bäckt, und fragen Sie ihn, ob er Ihnen etwas Sauerteig abgeben könnte. Sagen Sie nur nicht dass Sie ab jetzt Ihr Brot selber backen möchten. Denn dann weiß er ja, dass er einen Kunden verlieren wird.« Sauerteigbrot backen ist, hat man erst einmal einen tollen Sauerteigansatz, gar nicht schwer, und das Brot lässt sich nach Belieben mit verschiedensten Samen, Kernen und Nüssen und Co. aufpeppen. Auch das in Dänemark beliebte und traditionelle Smørrebrød wird meist aus Roggenbrot hergestellt.

Bäckt man Brot selber, stecken darin viel Zeit, Kraft und Liebe, und das schmeckt man am Ende auch. Manche finden, dass Brotbacken eine ähnlich entspannende Wirkung wie Yoga hat – man ist ganz bei sich, kommt zur Ruhe, schaltet ab. Man übt sich in Geduld, während man darauf wartet, dass das Brot geht, fertig bäckt oder abkühlt, damit man es endlich probieren kann. Man übt sich darin, mit Enttäuschungen umzugehen, wenn man viel Zeit und Energie hineingesteckt hat und das Brot am Ende doch nichts geworden ist. Und zu guter Letzt weiß man, was alles in dem Brot drin ist. Während Industriebrote neben Mehl, Wasser und Salz noch Stabilisatoren, Emulgatoren, Aromen und vieles mehr enthalten können, ist das selbst gebackene Brot Natur pur – ohne Zusätze, und das schmeckt man auch. Am Ende präsentieren Sie Ihren Lieben stolz – ganz zu Recht – ein Lebensmittel, das nicht nur satt macht, sondern auch glücklich, auch wegen der Liebe, die darin steckt.

Brotbackkurse gibt es nicht nur im hohen Norden. Wenn Sie auch Lust haben, mal Brotbacken zu lernen oder Ihre Kenntnisse aufzufrischen, dann buchen Sie einfach einen Kurs in Ihrer Region.

Herbst
Rezepte

Rehfilet
mit Pilzen und Sellerie-Kartoffelpüree

Im Herbst und Winter wird in Skandinavien Wild gegessen, begleitet von saisonalem Gemüse. Als Beilage sind Kartoffeln dabei nicht wegzudenken. In Schweden isst man die Kartoffeln am liebsten als Püree. Hier ist das Püree mit Knollensellerie verfeinert.

800 g mehligkochende Kartoffeln
450 g Knollensellerie
Salz
800 g Rehfilet
Pfeffer
2 EL Butterschmalz
1 EL Honig
80 ml Balsamico-Essig
200 ml Wildfond
300 g Steinpilze
1 EL Öl
2 Thymianzweige
50 g Butter
200 ml Milch
geriebene Muskatnuss

Für 4 Portionen
Zubereitungszeit: ca. 60 Minuten

So geht's:

1. Den Ofen auf 180 Grad (200 Grad Ober-Unterhitze) vorheizen. Kartoffeln und Sellerie schälen und in grobe Stücke schneiden. In einen Topf geben, mit Wasser knapp bedecken und zum Kochen bringen. 1 EL Salz ins Kochwasser geben, auf niedrige Hitze reduzieren und bei geschlossenem Deckel ca. 15 Minuten gar köcheln.
2. Das Rehfilet ggf. trocken tupfen und leicht salzen. Butterschmalz in einer ofenfesten Pfanne erhitzen, und das Rehfilet darin schnell von allen Seiten bei hoher Hitze anbraten, bis es braun geworden ist. Mit Pfeffer und Salz würzen. Dann im Ofen (Mitte) für ca. 15 Minuten weiterbraten. Das Reh-

filet herausnehmen und mindestens 10 Minuten in Alufolie eingewickelt ruhen lassen.

3. Inzwischen für die Jus Honig in einer Pfanne schmelzen, und den Balsamico dazugeben. Bei schwacher Hitze auf die Hälfte reduzieren, dabei ab und zu umrühren. Den Wildfond dazugeben und noch mal bei schwacher Hitze reduzieren, bis die Jus eingedickt ist und cremig wird wie flüssiger Honig.

4. Pilze putzen und länglich vierteln. Öl in einer Pfanne erwärmen, und die Pilze mit den Thymianzweigen in der Pfanne bei mittlerer Hitze ca. 8 Minuten anbraten, bis die Pilze goldbraun geworden sind. Vor dem Servieren die Thymianzweige entfernen.

5. Wasser von den Kartoffeln und dem Sellerie abgießen und Gemüse mit Butter zerstampfen. Die Milch in kleineren Portionen dazugeben. Dabei darauf achten, dass das Püree weder zu »nass« noch zu »trocken« wird. Ggf. mehr oder weniger Milch verwenden. Mit Salz, Pfeffer und frisch geriebener Muskatnuss abschmecken. Nun das Fleisch in ca. 1,5 cm dünne Scheiben schneiden und mit dem Sellerie-Kartoffelpüree, den Pilzen und der Jus servieren.

Fischfrikadellen mit Wirsing und Pflaumen

Fischfrikadellen gehören überall in Skandinavien auf den Tisch. Sie werden als Hauptmahlzeit warm mit Beilagen gegessen. Jede Familie hat ihr eigenes Rezept für Fischfrikadellen. Die Beilage ändert sich je nach Saison. In Dänemark werden Fischfrikadellen auch gerne kalt und in Scheiben geschnitten auf Pausenbroten in der Schule oder am Arbeitsplatz gegessen. Aufwendig dekoriert heißt es dann »Smørrebrot«.

Für die Fischfrikadellen:
500 g Filet von verschiedenen Fischsorten, z. B. Seelachs und Lachs
2 EL Weizenmehl
1 Ei (M)
50 ml Milch (1,5 % Fett)
1 TL Salz
1 Msp. Pfeffer
½ TL Paprika, edelsüß
Öl zum Braten

Für 4 Personen
Zubereitungszeit: ca. 35 Minuten

So geht's:

1. Das Fischfilet abbrausen, trocken tupfen und mit einem Messer, in einem Mixer oder einer Küchenmaschine klein hacken. Mehl, Ei, Milch, Paprika, Salz und Pfeffer zum Fisch geben und alles sehr gut verrühren. Evtl. mehr Milch zufügen, falls die Masse zu trocken ist. Ist die Masse zu nass, dann mehr Mehl zu der Fischmasse geben.
2. Mit zwei Esslöffeln kleine Bällchen aus der Masse abstechen und daraus Frikadellen formen (ca. 6 cm Ø; 1,5 cm dick). Diese auf ein mit Backpapier ausgelegtes Brett legen. Das ergibt ca. 8 Frikadellen.

3. In einer Pfanne das Öl erwärmen und die Fischfrikadellen bei mittlerer Hitze darin ca. 5 Minuten je Seite goldbraun anbraten. Auf ein Küchenkrepp oder einen Teller legen und zum Warmhalten bei 50 Grad in den Ofen stellen.

Für den Wirsing mit Pflaumen:
Ca. 500 g Wirsing
6 Pflaumen
2 EL Honig
1 EL Balsamico
50 ml Schlagsahne
Salz und weißer Pfeffer zum Abschmecken

So geht's:

1. Vom Wirsing die äußeren Blätter entfernen und den Strunk abschneiden. Wirsing waschen, in dünne Streifen schneiden und in kochendem Salzwasser ca. 2 Minuten garen. Der Wirsing muss noch Biss haben, dann abgießen und mit kaltem Wasser abschrecken.
2. Pflaumen waschen, entsteinen, vierteln und in dünne Scheiben schneiden. Honig in einer Pfanne schmelzen lassen, und die Pflaumen bei mittlerer Hitze für 2-3 Minuten darin karamellisieren. Mit dem Balsamico ablöschen.
3. Wirsing und Sahne vorsichtig zu den Pflaumen geben und bei hoher Temperatur kurz aufkochen, dabei vorsichtig umrühren. Von der Flamme nehmen und mit Salz und Pfeffer abschmecken.
4. Die Fischfrikadellen und den Wirsing servieren. Dazu passt Brot.

Tipp: Fischfrikadellen werden auch gerne kalt auf Roggenbrot gegessen. Sie eignen sich auch zum Einfrieren.

Lauchtorte
mit Salat und Lakritzdressing

Oft steht in Skandinavien die Gemüsetorte auf dem Tisch. Sie lässt sich gut vorbereiten und kann vielfältig variiert werden.

Für die Lauchtorte:
200 g Weizenmehl, Typ 405
150 g Vollkornweizenmehl
200 g kalte Butter
2 EL Wasser
4 Lauchstangen
1 l Wasser
1 EL Salz
200 g Feta
4 Eier (M)
250 g Quark (20 % Fett)
1 Msp. edelsüßer Paprika
1 Msp. weißer Pfeffer
1 TL Salz
150 g geriebener Emmentaler

Außerdem: Tortenform (26 cm Ø) und Öl zum Bestreichen.

Für 4 Portionen
Zubereitungszeit:
90 Minuten

So geht's:

1. Die Mehlsorten in einer Schüssel vermischen, Butter in kleine Stücke schneiden und dazugeben. Alles gut miteinander verkneten. Wenn die Mischung krümelig ist, Wasser dazugeben und glatt kneten. Teig in Frischhaltefolie wickeln und mindestens eine halbe Stunde im Kühlschrank ruhen lassen.
2. Die Enden und evt. welke Blätter von den Lauchstangen abschneiden, waschen und in 0,5 cm dicke Ringe schneiden. Ca. 1 Liter Salzwasser zum Kochen bringen und die Lauchringe darin 2-3 Minuten garen lassen. Sie müssen noch Biss haben. In ein Sieb abgießen und gut abtropfen lassen.

3. Ofen auf 200 Grad (180 Grad Umluft) vorheizen. Den Teig auf einer bemehlten Arbeitsfläche ausrollen und in der gefetteten Tortenform auslegen und gleichmäßig andrücken. Den Tortenboden im vorgeheizten Ofen (Mitte) 15 Minuten backen.
4. Inzwischen Feta in Würfel schneiden. Eier mit Quark und Gewürzen gut verquirlen. Lauchringe auf dem vorgebackenen Teig verteilen und die Eimischung gleichmäßig darüber verteilen. Zum Schluss Fetawürfel und den geriebenen Käse darüber verteilen. Die Lauchtorte im Ofen bei 200 Grad (180 Grad Umluft) 30 Minuten fertig backen.

Für den Salat mit Lakritzdressing:
1 EL Rapsöl oder Sonnenblumenöl
50 g Kürbiskerne
1-2 TL grobes Salz
125 g Feldsalat
1 Orange
1 Apfel
3 EL Zitronensaft
½ kleine rote Zwiebel
1 EL Balsamico-Essig
3 EL Olivenöl
1 EL Honig
1 EL Lakritzpulver
Salz und Pfeffer

So geht's:

1. Öl in einer Pfanne erwärmen, und die Kürbiskerne darin rösten, bis sie »poppen«. Mit dem Salz bestreuen und abkühlen lassen.
2. Feldsalat waschen, trocken schütteln und putzen. Die Orange schälen und filetieren. Dazu die Schale mit einem scharfen Messer so in Streifen abschneiden, dass die weiße Haut vollständig entfernt wird. Dann die Orangenfilets mit einem Messer zwischen den Trennwänden herausschneiden. Apfel waschen, entkernen und in kleine Würfel schneiden. Mit

1 EL Zitronensaft beträufeln, damit er nicht bräunlich wird. Zwiebel schälen und in Ringe schneiden.

3. Den Feldsalat auf einem großen Teller anrichten und mit Zwiebel-, Apfelstücken und Orangenfilets dekorieren.
4. Balsamico-Essig, Olivenöl, 2 EL Zitronensaft, Honig, Lakritzpulver, Salz und Pfeffer zu einem Dressing verrühren und abschmecken. Über den Salat geben und zur Lauchtorte servieren.

Tipp: Die Lauchtorte schmeckt auch kalt, und die hier beschriebene Portion Lauchtorte reicht sicherlich auch für den Tag danach.
Schinkenwürfel unter die Lauchringe gemischt passen auch gut dazu.

Getreidebrei
mit sonnenfarbigem Kompott

Seit man in Skandinavien Getreide erntet, kocht man daraus auch Brei. Viele Einheimische essen Haferbrei oder Haferflocken zum Frühstück. In Dänemark isst man den Haferbrei mit Zucker und Butter, in Schweden mit Zimtzucker und Apfelmus. Seit ca. 15 Jahren ist es wieder in Mode gekommen, Brei aus verschiedenen Kornsorten zu kochen. Dazu wird ein Kompott gereicht. Dieses Gericht dient als eine herzhafte Mahlzeit.

Für das Kompott:
½ kleiner Hokkaido-Kürbis (150 g)
1 große Karotte (125 g)
1 TL frischer Ingwer
2-3 Äpfel (250 g)
½ Zimtstange
150 ml Wasser
1 TL Zitronensaft
75 g Rohrzucker

Für 4 Portionen
Zubereitungszeit: 45 Minuten

So geht's:

1. Kürbis gründlich waschen, Stiel abschneiden und entkernen. Karotte und Ingwer schälen. Äpfel waschen und von den Kerngehäusen befreien. Kürbis, Karotten, Äpfel und Ingwer auf einer Gemüsereibe fein reiben.
2. Kürbis, Karotten, Ingwer und Zimtstange in einen Topf geben und bei niedriger Hitze im Wasser offen kochen. Nach ca. 15 Minuten die Äpfel und Zitronensaft hinzufügen, gelegentlich umrühren. Nach weiteren 20 Minuten den Zucker dazugeben und weitere 5 Minuten offen köcheln lassen. Das Kompott warm oder kalt zum Brei servieren.

Für den Getreidebrei:
1 l Milch (3,8 % Fett)
125 g Hirse
125 g Haferflocken, fein
50 g Dinkelmehl
½ TL Salz

So geht's:

1. Die Milch in einem Topf aufkochen und die Hirse ca. 5 Minuten offen, bei niedriger Hitze darin köcheln lassen. Gelegentlich umrühren. Anschließend Haferflocken und Dinkelmehl zugeben und weitere 5 Minuten köcheln lassen.
2. Nach dem Kochen das Salz einrühren und den Getreidebrei abschmecken. Den heißen Brei zusammen mit dem Kompott servieren.

Topinambursuppe mit verschiedenen Toppings

Topinambur ist seit einigen Jahren wieder ein beliebtes Gemüse in den skandinavischen Kochtöpfen. In Dänemark wird Topinambur gerne in Suppen verwendet.

Für die Suppe:
600 g Topinambur
1 Zwiebel
3 EL Öl
1 l Hühnerfond
200 ml Sahne
3 EL Sherry
Salz und Pfeffer

Für 4 Portionen
Zubereitungszeit:
ca. 50 Minuten

So geht's:

1. Topinambur und Zwiebel schälen und in kleinere Stücke schneiden. In einem großen Topf Öl erhitzen und Topinambur und Zwiebel darin 1-2 Minuten dünsten. Hühnerfond zugeben, und alles ca. 20 Minuten bei niedriger Hitze offen köcheln lassen, bis die Topinamburstücke weich geworden sind, dabei gelegentlich umrühren. Inzwischen die Toppings zubereiten. Dann Sahne zugeben und weitere 5 Minuten köcheln lassen.
2. Die Suppe mit einem Pürierstab pürieren und mit Sherry, Salz und Pfeffer abschmecken.

Für die Toppings:
4 Scheiben Roggenbrot
4 EL Olivenöl
250 g Pilze, gerne gemischt oder Champignons
100 g gewürfelter Bacon (leicht geräucherter Schweinebauch)
½ TL Salz
1 Bund Petersilie

So geht's:

1. Den Ofen auf 200 Grad (220 Grad Ober-Unterhitze) vorheizen. Roggenbrot in ca. 1 cm große Würfel schneiden und mit 2 EL Olivenöl und Salz vermischen. Die Brotwürfel auf einem mit Backpapier ausgelegten Backblech verteilen und etwa 10-15 Minuten im Ofen knusprig backen. Dabei ab und zu wenden.
2. Den Bacon ebenfalls im heißen Ofen auf einem mit Backpapier ausgelegten Backblech braten. Nach etwa 10 Minuten ist der Bacon goldbraun. Das Fett der Baconstücke auf einen mit Küchenpapier ausgelegten Teller geben und so das überschüssige Fett aufsaugen lassen.
3. Pilze putzen, halbieren und in dünne, längliche Scheiben schneiden. Restliches Öl in einer Pfanne erhitzen und Pilze darin bei mittlerer Temperatur 10 Minuten braun anbraten, dabei gelegentlich wenden. Petersilie waschen, trocken schütteln und klein hacken.
4. Roggenbrot-Croutons, Baconstücke, Pilze und Petersilie kurz vor dem Servieren in den Tellern über die heiße Suppe geben.

Zimtschnecken

Zimtschnecken heißen auf Schwedisch »Kanelbulle« *und sind aus dem täglichen Leben nicht wegzudenken. Seit 1999 haben sie sogar einen eigenen Feiertag: Am 4. Oktober werden einen ganzen Tag lang die Zimtschnecken gefeiert. Wenn der Herbst ins Land weht und man es sich drinnen gemütlich macht, sind die luftigen, nach Zimt duftenden Hefeteig-Köstlichkeiten aber auch zu verlockend …*

Für den Teig:
200 ml Milch (3,8 % Fett)
Ein Würfel frische Hefe
2 EL Zucker
½ TL Salz
1 TL Kardamom, gemahlen
2 Eier (M)
50 g weiche Butter
500 g Mehl, Typ 405
Extra Mehl zum Ausrollen

Für die Füllung:
150 g zimmerwarme Butter
4 EL Zucker
2 EL Zimt

Ergibt ca. 17 Stück
Zubereitungszeit:
ca. 50 Minuten +
105 Minuten gehen +
20 Minuten backen

So geht's:

1. Milch in einem Topf bei niedriger Temperatur auf ca. 37 Grad (fingerwarm) erwärmen. In eine große Schüssel gießen und Hefe darin auflösen. Zucker, Salz und Kardamom zugeben und alles verrühren. Eier aufschlagen, in einer Tasse verquirlen, in die Milchmasse geben und alles mit dem Schneebesen verrühren. Die Butter in kleinere Würfel schneiden und dazugeben. Mehl nach und nach zugeben und die Masse zu einem glatten Teig kneten. Den Teig bei Zimmertemperatur abgedeckt 60 Minuten gehen lassen.

2. Für die Füllung alle Zutaten in eine Schüssel geben und mit einem Löffel kurz verrühren. Die Butter darf nicht zu lange verarbeitet werden. Sonst fließt sie beim Backen aus.
3. Den Teig auf einer bemehlten Arbeitsfläche auf 30 x 60 cm^2 ausrollen. Füllung auf den Teig geben und gleichmäßig verteilen. Den Teig von der langen Seite, wie eine Roulade, fest zusammenrollen und anschließend mit einem Messer in ca. 3 cm dicke Scheiben schneiden.
4. Diese mit der Schnittfläche nach oben in eine gefettete Springform mit ca. 1 cm Abstand legen und nochmals bei Zimmertemperatur 45 Minuten gehen lassen.
5. Den Ofen auf 200 Grad (180 Grad Umluft) vorheizen und die Schnecken ca. 20 Minuten backen.

Die Dänen lieben es süß und machen noch aus 150 g Puderzucker und ca. 2 EL Wasser einen dicken Zuckerguss und verzieren damit die Schnecken.

Winter

»Als es dunkel wurde, ließen der Wind und das Schneetreiben nach, aber der Schnee lag so hoch, dass wir nicht wussten, wie wir heimkommen sollten. Oh, wie ich mich nach Bullerbü, Mama und meinem Bett sehnte. […] Als wir heimkamen, stand Mama am Küchenfenster und spähte unruhig nach uns aus. Lasse, Bosse und ich bekamen heiße Fleischbrühe mit Mehlklößen, und das war das Beste, was ich je gegessen habe.«

ASTRID LINDGREN
»WIR KINDER AUS BULLERBÜ«

Wenn der Schnee wie Puderzucker vom Himmel rieselt und sich dann wie eine federleichte Decke über Wald und Felder gelegt hat, gibt es nichts Schöneres, als sich auf den Weg durch die Natur zu machen. Vielleicht sieht man einen Fuchs oder ein Reh – alles ist still, nur der Schnee knirscht unter den Sohlen. Die Luft ist kalt, die Wangen rot und die Vorfreude auf die heiße Sauna wächst und hinterher vielleicht ein echter skandinavischer Glühwein, ein *glögg*? Die Einkehr des **Winters** bedeutet auch, dass Weihnachten vor der Tür steht. Im Norden spielen während des Weihnachtsfests Wichtel eine wichtige Rolle. Mindestens genauso wichtig ist jedoch gutes Essen, das im Kreise der Familie genossen wird, bis allen beinahe die Bäuche platzen. Danach wird um den Baum getanzt.

WINTER- UND EISBADEN

Während ich schon bei 16 Grad kaltem Wasser den Badestreik einläute und bei allerspätestens 13 Grad bei mir Schnappatmung einsetzt, soll es Menschen geben, die im Winter mit einer Kettensäge Löcher in zugefrorene Gewässer schneiden, um darin aus freien Stücken zu baden. Klingt verrückt? Soll aber ganz angenehm sein. In Skandinavien gibt es sogar Meisterschaften für Menschen, die gerne im eiskalten Wasser schwimmen. Und eiskalt ist dabei keineswegs untertrieben. Bis zu -32 Grad können die Außentemperaturen betragen, während das Wasser mit frostigen 0,5 Grad daherkommt. Winterbaden soll gut für die Gesundheit sein. Man sagt, dass Menschen, die regelmäßig im Kalten schwimmen, deutlich weniger häufig unter Erkältungen leiden. Dr. Rainer Brenke, Facharzt für physikalische Medizin, fand sogar heraus, dass die körperliche Belastung beim Winterbaden geringer sei als beim Joggen in kalter Winterluft. Dennoch sollten nur gesunde Menschen Winterbaden.

WAS MACHT WINTERBADEN SO REIZVOLL?

So wie Sportler ihrem Körper eine immer höhere Leistungsfähigkeit antrainieren, so trainieren Winterbader ihrem Körper an, immer besser mit hohen Kältereizen umzugehen. Wenn der Körper in eisiges Wasser eintaucht, ziehen sich reflexartig alle Blutgefäße zusammen, dadurch sinkt die Hauttemperatur stark ab. Dann verbrennt der Körper Glukose und wandelt sie in Wärmeenergie um. Lebenswichtige Organe, Brust und Bauch werden verstärkt durchblutet. Das klappt je nach Training unterschiedlich lang. Sobald die Körpertemperatur absinkt und man anfängt zu frieren, heißt es: raus aus dem Wasser, abtrocknen, warm anziehen und ausruhen. Und dann kommt das Schönste: Die Blutgefäße weiten sich, der Körper wird wohlig warm. Das Zusammenziehen und Weiten der Gefäße trainiert deren Elastizität, die Durchblutung wird verbessert, und Giftstoffe können besser abtransportiert werden, außerdem werden körpereigene

Abwehrkräfte gestärkt. Nicht zuletzt werden durch diese Prozedur auch Glückshormone freigesetzt. Hinterher ist man immer stolz, dass man sich überwunden hat – ein unbezahlbares Gefühl. Auch in Deutschland wird das eisige Vergnügen immer beliebter: Zwischen 2000 und 3000 abgehärtete Winterschwimmer sollen sich regelmäßig in die Fluten stürzen. Wenn Sie Lust haben, das mit dem Winterschwimmen mal auszuprobieren, gilt es folgende Regeln zu beachten:

- Sie sollten gesund sein,
- regelmäßig, ein- bis dreimal die Woche, trainieren und damit am besten schon im Spätsommer anfangen. Auch tägliches Wechselduschen unterstützt das Training.
- Sobald es friert, bleiben Sie nur wenige Sekunden im Wasser,
- wärmen Sie sich vorher kräftig auf,
- und nehmen Sie einen tiefen Atemzug.
- Gehen Sie langsam, mit dem Rücken zuerst, ins Wasser und atmen Sie dabei aus.
- Der Kopf sollte immer trocken bleiben. Setzen Sie am besten eine Mütze auf.
- Sie können auch Wollsocken, Badelatschen und Handschuhe anziehen, dann kühlen Ihre Extremitäten nicht ganz so schnell aus.
- Gehen Sie niemals allein zum Winterbaden, sondern immer in Begleitung.
- Bleiben Sie nur so lange im Wasser, wie es Ihnen angenehm ist.
- Trocknen Sie sich, wenn Sie aus dem Wasser kommen, sofort ab und ziehen Sie sich etwas Warmes an, gehen Sie ins Warme und ruhen Sie sich aus.

– Genießen Sie die wohlige Wärme, die Ihren Körper durchströmt, und die Energie, die sich anschließend in Ihnen ausbreitet.

Winterschwimmen und Eisbaden sollten Sie nicht, wenn Sie angeschlagen oder gar krank sind, chronische Beschwerden haben, alkoholisiert sind oder direkt aus der Sauna kommen. Wenn Sie sich unsicher sind, ob Sie ins kalte Nass dürfen, sprechen Sie zuvor mit Ihrem Arzt.

SAUNA: BALSAM FÜR KÖRPER & SEELE

Während Schwimmen im eiskalten Wasser erst hinterher ein wohlig warmes Gefühl erzeugt, stellt sich das bei Saunagängen von Anfang an ein. Saunieren ist im Norden weit verbreitet, und vor allem die Finnen sind dafür berühmt-berüchtigt. In Finnland geht man gerne mit der ganzen Familie in die Sauna oder aber Männlein und Weiblein getrennt. Saunieren gehört in Finnland zur kulturellen Identität, schon die ganz Kleinen wachsen damit auf. Daher sind die detaillierten Saunaanleitungen der Deutschen für Finnen eher unbegreiflich. Ein Saunabad schafft Entspannung und Wohlbefinden, sowohl auf geistiger als auch auf körperlicher Ebene. Dafür benötigt man in Finnland auch keine Aromaaufgüsse oder besondere Beleuchtung. Im Gegenteil – die Sauna in Finnland ist eher dunkel, aufgegossen wird mit Wasser, und Büschel aus Birkenzweigen werden benutzt, um das Schwitzen anzuregen. Dazu werden die Zweige zunächst in

Wasser getaucht, dann über dem Saunaofen im Dampf geschüttelt, und anschließend schlägt man sich mit dem Büschel selbst oder gegenseitig auf Rücken, Bauch und Extremitäten. Den Saunagang rundet dann ein Sprung in den See, eine kalte Dusche oder eine Abreibung mit frischem Schnee ab. Und dann natürlich: Vieeel trinken!
Sauna steht in Finnland für Sauberkeit. Früher brachten finnische Mütter in der Sauna ihre Kinder zur Welt. Auf die Reinigung der Sauna nach dem Saunabad wird größter Wert gelegt, damit auch der Nächste sich wohlfühlt. Vor allem, wenn Birkenzweigbüschel benutzt wurden, ist die Reinigung etwas aufwendiger. Früher gab es in Finnland in fast allen Straßen eine öffentliche Sauna, die man heute nur noch in Schwimmbädern und Sporthallen findet. Dennoch gibt es in Finnland über 1,5 Millionen Saunen bei ca. 5,4 Millionen Einwohnern. Fast jeder Privathaushalt hat eine Sauna, außerdem viele Schulen, Firmen und Campingplätze. Sogar in einigen Diskotheken ist eine Sauna zu finden. In Finnland gehört die Sauna so sehr zum Leben dazu, dass in den 1970er Jahren sogar ein Saunazelt in der Wüste aufgebaut wurde, als Finnen bei länger andauernden politischen Verhandlungen fernab der nordischen Heimat weilten.
Wird man als Gast in Finnland in die Sauna eingeladen, ist das ein Zeichen von Vertrauen und eine große Ehre.
Die puristische, nahezu asketische Sauna in Finnland hat kaum etwas mit den Saunen in öffentlichen deutschen Thermen gemein, in denen sowohl Männer als auch Frauen gleichzeitig in Aromadüften saunieren und dabei noch eine farbenfrohe Lichtdusche abbekommen. Sauna in Finnland bedeutet Gesundheit, Wohlbefinden, aber auch zur Ruhe kommen. Wobei Letzteres

nicht immer der Fall ist. Sogar Geschäftsverhandlungen sollen manchmal in finnischen Saunen stattfinden. Saunen gibt es oft am Ufer eines Sees, der zum Reinspringen lockt, wenn der heiße Körper nach Abkühlung lechzt. Saunabäder regen den Stoffwechsel an, stärken das Immunsystem und reinigen Körper und Seele. Dabei ist Regelmäßigkeit Trumpf: Finnen gehen in der Regel zweimal die Woche zum Schwitzen, einmal die Woche sollte es mindestens sein, um dauerhaft positive Effekte zu erzielen. Dabei dauert ein Saunagang bis zu 15 Minuten, die Abkühlung danach mit Pause und Trinken sind wichtig und gehören dazu. Und bitte nur in die Sauna gehen, wenn Sie gesund sind. Zwar beugt Sauna Erkältung und Co. vor, aber wenn es Sie erwischt hat, benötigt Ihr Körper seine Energie für den Heilungsprozess. Diese steht ihm bei der anstrengenden Saunaprozedur jedoch nicht vollständig zur Verfügung.

WO DER WEIHNACHTSMANN WOHNT

Wälder und Straßen sind verschneit, Kerzen brennen, rot-weiße Weihnachtselche, Weihnachtsmänner, Weihnachtstrolle und andere Dekorationen schmücken Fenster, Türen und Heime der Menschen im Norden. Je weiter man kommt, desto näher rückt man dem Weihnachtsmann, der ja – ja wo eigentlich? – für die einen am Nordpol (Deutschland), für die anderen in Grönland (Dänemark) leben soll. Jedenfalls ziemlich weit im Norden. Doch neben dem Weihnachtsmann spielen auch andere Wesen, wie Hauswichtel, eine Rolle in den nordischen Weihnachtstraditionen.

In Schweden ist Weihnachten das wichtigste Fest des Jahres und findet wie bei uns im Kreise der Familie statt. Am 13. Dezember läutet das Lucia-Fest die Weihnachtsfeierlichkeiten ein. Die Lichterkönigin Lucia wird immer mit einem Kranz mit brennenden Kerzen auf dem Kopf dargestellt. Heute spielt meist die älteste Tochter in schwedischen Familien die Lucia und trägt dazu einen Kranz brennender Kerzen auf dem Kopf. Sie bringt in weißem Gewand mit rotem Band um die Taille der Familie Safrangebäck als Frühstück ans Bett. Die Lucia-Feiern gehen dann außerhalb der Familie in Kindergärten, Schulen und sogar am Arbeitsplatz weiter. Dieser Brauch geht vermutlich auf die Legende der Lucia von Syrakus zurück, die zu Zeiten der Christenverfolgung versteckte Christen heimlich mit Brot und Wasser versorgte. Um die Hände frei zu haben, trug sie die Kerzen auf dem Kopf. Ob das genau so war, und ob das der tatsächliche Ursprung des Lucia-Festes ist, weiß niemand mit Sicherheit.

Eine wichtige Rolle bei den Weihnachtsvorbereitungen spielt der *tomte* – der Hauswichtel, an den viele Menschen glauben. Als Dank für seine Hilfe bekommt er am Heiligen Abend einen traditionellen Milchbrei von den Familien vor die Haustür gestellt. Obwohl niemand jemals einen *tomte* zu Gesicht bekommen hat, dürfen diese kleinen Wesen nicht vergessen werden: Stellt jemand keinen Milchbrei vor die Tür, bedeutet das für das nächste Jahr Unglück.

Eine weitere schwedische (und auch dänische) Weihnachtstradition ist seit 25 Jahren das gemeinsame Gucken des Disneycomicfilms »Weihnachten mit Donald Duck« um 15 Uhr am Heiligen Abend. Erst danach wird um den Baum getanzt, werden Geschenke ausgepackt und wird zusammen geschlemmt.

Traditionell gehören auf die Weihnachtstafel Wurst, Weihnachtsschinken, Sülze, Kartoffeln, Rotkohl, Fleischklößchen, Hering, Grütze in verschiedensten Variationen, Reispudding, Stockfisch und eine bestimmte »Weihnachts-Bratwurst«, die *julkorv.* Getrunken wird Bier oder Kräuterlimonade und natürlich Schnaps. Außerdem ist es Brauch, Türen und Fenster zur schwedischen Weihnacht einen Spalt offen zu lassen. So können Freunde und Nachbarn kleine Geschenke hereinwerfen, ohne Absender, als kleines Dankeschön, meist in Form von Keksen oder anderen Kleinigkeiten.

Auch in Finnland glaubt man an Weihnachtskobolde, die Haus und Hof bewachen. In Finnland jedoch beginnt die Weihnachtszeit schon im Oktober mit kleinen Feiern und Festen, an denen gemeinsam gebastelt, getanzt und gesungen wird. In der Nacht vor Heiligabend bereiten die Eltern alles vor, schmücken, kochen und backen, um am Morgen den traditionellen Reisbrei mit Salz zu servieren. Finnische Familien haben nämlich einen richtigen Ablaufplan für Weihnachten, in dem alles seine feste Zeit hat. Und bevor die Weihnachtsfeierlichkeiten so richtig losgehen, starten finnische Familien mit einem traditionellen Saunabad. Außerdem ist in Finnland das Anzünden von Kerzen auf dem Friedhof und der Kirchgang am Heiligen Abend Tradition. Nicht zu vergessen: Zur finnischen Weihnacht gehört der Weihnachtsfrieden, der jedes Jahr am 24.12. um 12 Uhr in Turku ausgerufen wird.

Und was kommt Weihnachten bei den Finnen auf den Tisch? Weihnachtsschinken mit Dreierlei Auflauf aus Steckrübe, Möhre und Kartoffel. Dazu Rote-Bete-Apfel-Salat und reichlich Fisch als Vorspeise.

Lotte erinnert sich an Weihnachten in Dänemark: »Am 23.12. gibt es viele verschiedene Traditionen in den Familien. Für die meisten aber gehört dieser Abend irgendwie auch schon zu Weihnachten und wird »Klein-Heiligabend«, *lillejuleaften*, genannt. Bei uns wurde der Baum immer am 23.12. geschmückt und abends dann das erste Mal angemacht. Wir haben Grünkohl gegessen – vorweg natürlich Hering –, und meine Eltern haben sich dazu einen Schnaps und ein Bier gegönnt. Für die Kinder gab es »Weihnachtsbier« – eine Art Malzbier mit Orangenlimonade verdünnt –, mir läuft das Wasser jetzt noch im Mund zusammen, wenn ich daran denke. Am 24.12. nachmittags gehen sehr viele Dänen zur Kirche und lassen sich dort aufs Fest einstimmen. Die meisten essen Ente, Gans oder Schweinekrustenbraten. Dazu Salzkartoffeln, Karamell-Kartoffeln (kleine gekochte Kartoffeln in Karamell gewälzt), braune Soße und Rotkohl oder dergleichen. Als Nachtisch gibt es dann Ris à la mande mit warmer Kirschsoße. Lustig ist in der Vorweihnachtszeit, dass jeder Supermarkt natürlich die Zutaten für das Weihnachtsessen im Angebot hat und alles zentral im Markt aufstellt, damit man wirklich nur bis zu dieser »Insel« gehen muss, um alles für das Weihnachtsmenü zu finden. Ich habe soooo gestaunt, als ich das erste Mal in Berlin zu Weihnachten einkaufen war. Kein Stress, die Lebensmittel, die ich brauchte, waren nicht schon alle vergriffen, und jeder hat wirklich sehr individuell eingekauft. Wenn du einen Dänen findest, der das obige Menü nicht isst, hast du wirklich ein seltenes Exemplar erwischt. Nach dem Essen wird um den Baum – der natürlich mit echten Kerzen beleuchtet ist – getanzt und auch gesungen. Erst dann folgt die Bescherung. Und danach gibt es Konfekt, Schokolade, Kekse und Weihnachtssüßigkeiten, bis man umfällt!«

Mini-Weihnachtswichtel

Zubehör:
4 kleine Holzkegel
(ca. 3-4 cm groß, Bastelladen)
1 Borstenpinsel (z. B. Größe 12 oder kleiner)
Rote, gut deckende Farbe, z. B. Plaka oder Acryl
Roter, grüner, grauer oder weißer Filz
evt. Tacker
Nadel mit Faden in gleicher Farbe wie der Filz
Schere
Rote kleine Pompons (10 mm, Bastelladen)
flüssiger Vielzweckklebstoff
Schwarzer und roter Filzstift oder Permanentmarker
Graue, weiße oder grüne Wolle (50 g)
2-4 Hütchen von Eicheln

So geht's:

1. Den unteren Teil der Kegel gleichmäßig mit einem Pinsel rot anmalen, dabei am Kopf festhalten und zum Trocknen auf ein Stück Pappe oder Papier stellen.
2. Inzwischen zwei oder mehr Filzmützen basteln – je nachdem, wie viele Trolle Sie mit Filzmützen oder Eichelhütchen verzieren möchten. Dazu aus dem Filz einen Kreis mit 8 cm Durchmesser ausschneiden. Diesen Kreis vierteln. Aus jedem Viertel einen Kegel formen. Dort, wo sich die Stoffenden überlappen, am unteren Rand mit einem Tacker verschließen oder zunähen, sodass eine Mütze entsteht. Nach Belieben unteren Rand einmal umschlagen. An die Spitze des Hütchens einen Pompon oder Bommel nähen.

3. Sobald die rote Farbe der Wichtel getrocknet ist, können Sie ihnen ein Gesicht malen – zwei schwarze Punkte als Augen, ein schwarzer Punkt als Nase und zwei rote Punkte als rote Wangen. Wer mag, malt noch einen kleinen roten Mund dazu.
4. Schneiden Sie aus der Wolle vier 10 cm lange Stücke zu, sodass sie zwei Mal um den Hals der Holzfigur passen. Dann zuknoten – fertig ist der Schal.
5. Jetzt können Sie abwechselnd die Köpfe der Wichtel mit den Eichel- oder Filzhüten verzieren. Dazu den Filz- oder Eichelhut innen am unteren Rand mit Klebstoff einstreichen, auf den Kopf der Holzfigur setzen und leicht andrücken.

Tipp: Basteln Sie gleich so viele Wichtel, wie Sie Weihnachtsgäste erwarten. Schreiben Sie den Namen des Gastes auf den Bauch des Weihnachtswichtels, und dekorieren Sie die roten Männchen als Platzkarten. Dann können Sie gleich noch über die nordischen Weihnachtswichtel-Traditionen erzählen.

Lichterglanz

In der Adventszeit können Sie eine alte Gugelhupfform mit Tannenzapfen füllen und dazwischen vier lange Kerzen befestigen. Schon haben Sie einen schönen, schlichten Adventskranz.

Eine weitere Idee für einen Kerzenständer sind kleine Glasflaschen. Umwickeln Sie den unteren Flaschenteil mit Gartenschnur oder Wolle. Darunter können Sie dünne Tannenzweige oder Zimtstangen stecken. Nun platzieren Sie in den Flaschenöffnungen oben eine Kerze, und schon haben Sie einen individuellen Kerzenhalter. Schönes Licht geben auch Kerzen, die in verzierten Marmeladen-, Senf-, Gurken- oder anderen Gläsern stecken. Dazu einen guten Kleber oder eine Heißklebepistole benutzen – Kerze rein und fertig. Wer mag, kann hier den unteren Rand noch ein paar Mal mit Gartenschnur umwickeln.

Winter

Rezepte

Schwedischer Weihnachtsschinken

Der traditionelle Weihnachtsschinken mit Kartoffelpüree ist vom schwedischen Weihnachtstisch nicht wegzudenken. Er wird an Heiligabend serviert, aber auch als Teil des »Julbords« *(kulinarischer Weihnachtstisch).*

ca. 1,5 kg gepökelter roher Schinken ohne Schwarte, aber mit einer Fettkante (kann beim Metzger bestellt werden)
10 schwarze Pfefferkörner
2 Lorbeerblätter
3 ganze Nelken
1 kleine Zwiebel
1 Eigelb
3 EL mittelscharfer Senf
2 EL brauner Zucker
2 EL Semmelbrösel
Außerdem: Bratenthermometer

Für 4 Portionen
Zubereitungszeit: ca. 105 Minuten, davon 80 Minuten garen und 10 Minuten grillen

So geht's:

1. Schinken und Gewürze in einen Topf legen, mit Wasser bedecken und offen zum Kochen bringen. Gelegentlich abschäumen. Schinken im siedenden Wasser (mittlere Hitze) etwa 80 Minuten offen köcheln lassen (man rechnet 1 Stunde pro Kilo Schinken). Der Schinken ist fertig, wenn die Kerntemperatur im Schinken 70 Grad beträgt.
2. Eigelb in eine Schüssel geben und mit einer Gabel verquirlen. Senf, Zucker und Semmelbrösel dazugeben und zu einer Paste verrühren.
3. Schinken aus dem Topf nehmen und mit der Senfmischung gleichmäßig bestreichen. In eine ofenfeste Form geben und bei Oberhitze (bzw. Ober-Unterhitze) im Ofen ca. 10 Minuten grillen, bis der Zucker karamellisiert. Wenn der Ofen

keine Grillfunktion besitzt, den Schinken im vorgeheizten Ofen (oben) bei 220 Grad (Umluft nicht empfehlenswert) ca. 15 Minuten braten. Darauf achten, dass der Zucker nicht verbrennt.

Zum Weihnachtsschinken passen Rotkohl und Kartoffelpüree oder Gemüseauflauf. Der Schinken schmeckt auch kalt vorzüglich.

»Dopp i grytan« gehört für viele auch zur kulinarischen Weihnachtstradition: Brot wird in die Brühe des gekochten Schinkens getunkt und zum Schinken gegessen.

Tipp: Den Weihnachtsschinken kann man natürlich auch selber pökeln. Veranschlagen Sie mindestens eine Woche dafür, bei einem größeren Schinken dauert es etwas länger.

Köttbullar mit brauner Soße

Köttbullar gehören auf jedes schwedische »Julbord« *(kulinarischer Weihnachtstisch). Die Vorweihnachtszeit verbringt man im Norden mit viel Essen und gemütlichem Beisammensein mit Freunden, Kollegen und der Familie. Zum* julbord *gehören viele Leckereien, u. a. Fisch, Würste, Knäckebrot, Weihnachtsschinken und Köttbullar. Im Rahmen des* julbord *werden Köttbullar mit Roter Bete gegessen. Als Hauptmahlzeit werden Köttbullar mit Kartoffelpüree, Soße und Preiselbeerkompott serviert. Die Köttbullar werden nicht nur gerne zu Weihnachten gegessen, sondern das ganze Jahr über. Auf dem Mittsommerfest dürfen Köttbullar ebenfalls nicht fehlen.*

Für die Köttbullar:
75 g Semmelbrösel
200 ml Milch (3,5 % Fett)
1 kleine rote Zwiebel, ca. 80 g
250 g Schweinehack
250 g Rinderhack
1 Ei (M)
¾ TL Salz
1 Msp. Pfeffer
Butter oder Öl zum Braten

Für 4 Portionen
Zubereitungszeit ca. 45 Minuten

So geht's:

1. Semmelbrösel in der Milch einweichen. Zwiebel schälen und auf einer Gemüsereibe fein reiben. Hackfleisch mit allen Zutaten gut verrühren. Ist die Masse zu fest, dann mehr Wasser, Milch oder Sahne dazugeben.
2. Kleine Hackfleischbällchen mit zwei kleinen Löffeln formen. Sie sollten etwa die Größe einer Walnuss haben und ca.

30 Stück ergeben. Die fertigen Hackfleischbällchen auf ein mit Backpapier ausgelegtes Brett legen.

3. Butter oder Öl in einer Pfanne erwärmen und die Hackfleischbällchen darin bei mittlerer Hitze 15 Minuten braten. Mehrmals wenden, bis die Hackfleischbällchen dunkelbraun sind (so mögen die Skandinavier die Köttbullar am liebsten). Die Hackfleischbällchen können auch im Backofen gebraten werden: Dazu diese auf ein mit Backpapier ausgelegtes Backblech legen und im vorgeheizten Ofen (Mitte) bei 215 Grad (225 Grad Ober-Unterhitze) ca. 25-30 Minuten braten.

Für die braune Soße:

25 g Butter
50 g Weizenmehl (Typ 405)
125 ml Sahne
375 ml Fleischbrühe
Salz und Pfeffer zum Abschmecken
Zuckerkulör (nach Belieben)

So geht's:

1. Butter in einem Topf zerlassen und das Mehl mit einem Schneebesen einrühren. Sahne und die Fleischbrühe langsam dazugeben und aufkochen. Dabei stetig umrühren, bis keine Klumpen mehr vorhanden sind. Mit Salz und Pfeffer abschmecken.
2. Ein paar Tropfen Zuckerkulör dazugeben, bis die Soße die gewünschte Farbe hat.
3. Die Köttbullar und die braune Soße mit Salzkartoffeln oder Kartoffelbrei und Preiselbeeren servieren.

Grünkohlsalat mit Orangen

Im Norden gibt es zu Weihnachten traditionelle Speisen, von denen die Skandinavier nicht gerne abweichen. Die Speisen sind ein Teil der Kultur, welche die Bewohner der einzelnen Länder vereint. Die Kochfreude der Skandinavier hat sich in den letzten Jahren auch bei den traditionellen Weihnachtsgerichten durchgesetzt, und es wird gerne mit neuen Beilagen experimentiert. Eine traditionelle Beilage ist gekochter Grünkohl in Sahnesoße. Der Gebrauch von rohem Grünkohl hat sich in den letzten Jahren in Dänemark verbreitet, und es gibt mittlerweile viele Variationen von Grünkohlsalat.

300-400 g frischer Grünkohl
3 Orangen
4 EL Sesamöl
2 EL Honig
1 ½ EL Zitronensaft
Salz und Pfeffer
½ rote Chilischote
50 g Walnüsse

Für 4 Portionen als Vorspeise
Zubereitungszeit:
20 Minuten

So geht's:

1. Die feinen Blätter des Grünkohls von den groben Stängeln trennen, waschen und abtrocknen. Die Grünkohlblätter grob hacken oder zerrupfen. Die Orangen schälen und filetieren. Die Orangenfilets halbieren.
2. Öl, Honig, Zitronensaft, Salz und Pfeffer in eine Schüssel geben, zu einem Dressing verrühren und abschmecken.
3. Chilischote klein schneiden. Walnüsse klein hacken und in einer Pfanne ohne Fett kurz anrösten.

4. Grünkohl mit Orangen, Chili und Walnüssen vermengen. Das Dressing nochmals verrühren und über den Salat geben.

Tipp: Der Grünkohlsalat schmeckt zum Fleisch und passt auf jedes winterliche Buffet.

Kornotto

Kornotto ist im Prinzip dasselbe wie ein Risotto, nur mit Korn statt Reis gekocht. Die Getreidekörner haben einen schönen Biss und einen nussigen Geschmack. Man kann verschiedene Getreidesorten verwenden, wie z. B. Dinkel, Gerste, Weizen oder Grünkern. Auch das Topping lässt sich variieren. Probieren Sie eine fruchtige Variante mit Stangensellerie, Äpfeln, Weintrauben, Walnüssen und etwas Crème fraîche. Kornotto kann man als vegetarisches Gericht mit grünem Salat servieren oder als Beilage zu Fisch und Fleisch.

2 mittelgroße Rote Bete
250 g Perlgraupen
(oder Gerstengraupen)
2 große Schalotten oder
2 mittelgroße Zwiebeln
(ca. 100 g)
3 EL Rapsöl
150 ml Weißwein
Ca. 1,2 l Gemüsebrühe
4 EL Butter
Salz, Pfeffer
4 Zweige Thymian oder andere
frische Kräuter, die Blätter
abgezupft und fein gehackt
75 g Walnusskerne
150 g Ziegen-Feta
Evtl. 3 EL Crème fraîche

Für 4 Personen
Zubereitungszeit ca. 90 Minuten

So geht's:

1. Die Rote Bete waschen und putzen, in einen kleinen Topf geben, mit Wasser bedecken, Salz zugeben und ca. 30 Minuten bei mittlerer Hitze und geschlossenem Deckel gar kochen.
   Inzwischen die Perlgraupen in ein Sieb geben und unter fließendem Wasser abspülen. Zwiebel schälen und fein hacken.

2. Rote Bete in ein Sieb abgießen, mit kaltem Wasser abschrecken und häuten. In kleine Würfel schneiden, ca. 0,5 x 0,5 cm^2. Dazu am besten Küchenhandschuhe anziehen, da die Bete stark färbt.
3. Öl in einer großen Pfanne erhitzen und darin die Zwiebeln bei mittlerer Hitze glasig andünsten. Perlgraupen zugeben und 3 Minuten mitdünsten lassen. Mit Weißwein abgießen und so lange rühren, bis er nahezu vollkommen aufgesogen ist. Immer wieder etwas Gemüsebrühe zugeben und rühren, bis die Flüssigkeit verdampft ist. Nach etwa 30 Minuten sollten die Graupen gar sein. Sie sollten noch Biss haben.
4. Pfanne vom Herd nehmen, Butter einrühren, Kornotto mit Salz und Pfeffer abschmecken und Thymianblättchen unterrühren. Pfanne mit Deckel schließen und dann den Kornotto ca. 15 Minuten ziehen lassen.
5. Derweil Walnüsse grob hacken, Fetakäse aus der Packung nehmen, abtropfen lassen und in Würfel schneiden.
6. Kornotto nochmals abschmecken. Wenn er die Flüssigkeit ganz aufgesogen hat, etwas Brühe oder Crème fraîche zugeben und nochmals kurz auf kleiner Flamme erwärmen, damit er wieder cremig wird. Zum Servieren Käse, Rote Bete und Walnüsse drüberstreuen.

Sauerteig-Ansatz

Roggenbrot ist für ganz viele Menschen ein wichtiger Bestandteil des Mittagessens. In Skandinavien wird mittags häufig Roggenbrot mit verschiedenen Belägen gegessen. Daher ist es ganz wichtig, dass das Brot von guter Qualität ist. Am besten schmeckt es mir mit ganz vielen Kernen und Körnern und dann natürlich auf Sauerteigbasis gebacken. Der Vorteil beim Sauerteig ist, dass das Brot sich lange frisch hält.
Wenn Sie keinen Sauerteig haben oder jemanden kennen, der Ihnen einen »Ableger« von seinem Sauerteig geben kann, dann müssen Sie ihn zunächst selbst herstellen. Greifen Sie bitte nicht zu Sauerteigen in Pulverform oder zu anderen Sauerteigen, die es verpackt im Supermarkt zu kaufen gibt. Wenn Sie einen guten Bäcker kennen, der »richtigen« Sauerteig verwendet, fragen Sie ihn, ob er Ihnen ein bisschen mitgeben könnte.

Für den Sauerteig:
Tag 1:
100 ml lauwarmes Wasser
(30-35 Grad)
30 g Bio-Roggenvollkornmehl

Tag 4 morgens:
100 ml lauwarmes Wasser
80 g Bio-Roggenvollkornmehl

Tag 4 abends:
100 ml kaltes Wasser
60 g Bio-Roggenvollkornmehl

Zubereitungszeit für den Sauerteig:
ca. 15 Minuten + 3 Tage ruhen lassen

So geht's:

1. Mischen Sie alle Zutaten in einem 1-Liter-Glas und lassen Sie das Glas mit dem Deckel – aber nicht ganz verschlossen – bei Zimmertemperatur für 3 Tage stehen. Jeden Morgen und jeden Abend umrühren.
2. Am 4. Tag morgens geben Sie nochmals Wasser und Roggenmehl dazu und warten dann bis abends. Dann sollte der Teig schon anfangen, kleine Bläschen zu werfen. 50 ml Teig abnehmen, in eine Schüssel geben und nochmals 100 ml kaltes Wasser und 60 Gramm Roggenvollkornmehl untermischen. Das ist Ihr Sauerteig. Wenn er noch nicht superaktiv ist, kann man den Prozess vom 4. Tag abends ein paar Tage wiederholen. Der Sauerteig muss angenehm säuerlich riechen und Blasen werfen. Wenn er nicht mehr angenehm säuerlich riecht, sondern eher »stinkt«, ist er zu sauer geworden. Dann hilft nur eins – von vorne anfangen …

Roggenbrot

Für den Vorteig:
150 ml Sauerteig
1 l lauwarmes Wasser
25 g Salz
325 g Roggenschrot
275 g Bio-Weizenmehl oder -Roggenmehl
400 g Bio-Roggenvollkornmehl
2 EL Malzsirup (Bioladen)

Ergibt 2 Stück
Zubereitungszeit: ca. 40 Minuten + 12–24 h gehen lassen + 60 bis 90 Minuten backen

1. In einer großen Schüssel alle Zutaten mit den Händen oder mit einer Küchenmaschine sorgfältig 10-15 Minuten zu einem Teig verkneten und 12-24 Stunden abgedeckt bei Zimmertemperatur gehen lassen. Der Teig muss deutlich aufgegangen und wieder »zusammengefallen« sein.

Für das Roggenbrot:
Der Vorteig von Tag 1
330 ml lauwarmes Wasser
500 g Bio-Roggenvollkornmehl
100 ml Sesamsaat
100 ml Leinsaat
100 ml Sonnenblumenkerne

1. Den Vorteig mit dem Wasser übergießen. Die restlichen Zutaten zugeben und alles gut verrühren. Der Teig lässt sich nicht kneten.
2. Aus dieser Masse ca. 150 ml Teig abnehmen, in ein großes, ausgekochtes Glas füllen und mit einem Deckel schließen. Das ist jetzt der Sauerteig für die nächsten Brote, die Sie backen. Dieser Sauerteig hält sich 4 Wochen im Kühlschrank. Wenn Sie nach 4 Wochen noch nicht backen möchten,

geben Sie einfach 100 ml kaltes Wasser und 80 g Roggenmehl dazu, verrühren das Ganze und können dann den Sauerteig nochmals 4 Wochen im Kühlschrank warten lassen.

3. Den Teig in zwei gefettete 2-Liter-Kasten-Formen geben, richtig reindrücken, damit sich keine Bläschen bilden, und dann mit einem Schaschlikspieß o. Ä. kleine »Schornsteine« in den Teig bohren, indem Sie den Spieß ganz bis zum Boden drücken. Den Teig bei Zimmertemperatur bis zur Kante der Backform gehen lassen, das dauert ca. 2-4 Stunden.
4. Ofen auf 180 Grad (165 Grad Umluft) vorheizen und die Brote auf der mittleren Schiene ca. 1-1,5 Stunden backen. Da jeder Ofen anders reagiert, testen Sie am besten die Kerntemperatur des Brotes mit einem Bratenthermometer. Diese sollte bei 96-98 Grad liegen, dann ist das Brot fertig.

Ris à la mande
(auch Risalamande)

Ris à la mande ist in Dänemark die traditionelle Nachspeise am Heiligabend. Ursprünglich wurde sie am 24. Dezember serviert, aber weil Reis und Zimt während des Zweiten Weltkriegs knapp waren, hat man ihn mit Sahne »gestreckt«. In der Servierschüssel wird immer eine ganze Mandel versteckt. Wer die Mandel findet, bekommt ein Geschenk, oft ein Marzipanschwein oder Schokolade. Traditionell wird der Ris à la mande mit kalter oder warmer Kirschsoße gegessen.

Für die Dänen ist es nahezu undenkbar, Ris à la mande zu anderen Anlässen und Jahreszeiten zu servieren. Ich aber, als Ris-à-la-mande-Liebhaberin, könnte ihn fast jeden Tag essen und finde, dass man auch z. B. im Sommer, wenn die Kirschen reif sind, Ris à la mande als Nachtisch servieren kann. Deshalb werden bei mir immer große Milchreisportionen gekocht, in der Hoffnung, dass für Ris à la mande etwas übrig bleibt …

Für den Milchreis:
1 Vanilleschote
1 EL Zucker
1 l Milch, 3,5 % Fett
125 g Milchreis

Für den Ris à la mande:
50 g Mandeln, gestiftet oder blanchiert und grob gehackt
300 ml Schlagsahne, mindestens 32 % Fett
2-3 EL Zucker

Soße aus:
1 Glas Sauerkirschen (ungesüßt)
1 Glas Amarenakirschen
3 TL Maismehl oder Kartoffelmehl
3 EL kaltes Wasser

Für 6 Personen
Zubereitungszeit:
etwa 70 Minuten + über Nacht kalt stellen

So geht's:

1. Die Vanilleschote längs aufschneiden und mit der stumpfen Seite des Messers das Mark auskratzen. In eine kleine Schüssel geben und mit 1 EL Zucker gut vermengen, beiseitestellen.
2. In einem Topf die Milch mit der leeren Vanilleschote kurz aufkochen lassen und dann den Reis zugeben. Bei kleiner Flamme und geschlossenem Deckel ca. 45 Minuten köcheln lassen. Dabei oft umrühren, damit der Milchreis nicht anbrennt. Den Milchreis in eine Schüssel umfüllen und ganz auskühlen lassen. Am besten zugedeckt über Nacht im Kühlschrank.
3. In einer Pfanne ohne Fett die Mandelstifte bei mittlerer Temperatur kurz anrösten. Sie dürfen ein bisschen Farbe bekommen, aber nicht dunkel werden. Auf einen Teller geben und auskühlen lassen.
4. Die Sahne mit einem Handrührgerät halbfest schlagen. Sie soll nicht ganz fest sein, aber auch nicht mehr aus der Schüssel fließen können. Die Vanilleschote aus dem Milchreis nehmen und diesen mit dem Handrührgerät ganz kurz und bei wenigen Umdrehungen lockern.
5. Sahne, Mandelstifte und Vanillezucker in den Milchreis geben und vorsichtig unterheben. Mit Zucker abschmecken und dann wieder kalt stellen. Eine Stunde vor dem Servieren aus dem Kühlschrank nehmen.
6. Kirschen in einen Topf geben und kurz aufkochen lassen. In einer kleinen Tasse das Stärkemehl mit kaltem Wasser verrühren, in die kochende Soße geben und schnell mit dem Schneebesen verrühren. Die eingedickte Soße 2–3 Minuten köcheln und vor dem Servieren ein bisschen auskühlen lassen.

7. Den Ris à la mande entweder in einer großen Schüssel servieren und eine Mandel darin verstecken oder in Portionsschüsselchen verteilen und mit der lauwarmen Kirschsoße servieren.

Braune Kekse

»Brunkager« *oder braune Kekse sind eine Art Gewürzbutterkekse, die es auch immer und nur zu Weihnachten gibt. Sie werden entweder als Plätzchen ausgestochen oder ausgeschnitten, und gewürzt sind sie meistens mit Zimt, Nelke und Piment. Die braune Farbe bekommen die Kekse durch Sirup und Farin, einen braunen Zucker aus Zucker und Rohrzuckersirup. Ich mache immer eine große Portion Teig (meistens auch schon im November, dann kann ich nicht länger warten) und friere ihn in Stangen ein. Dann kann ich schnell den Teig dünn ausschneiden und backen, und schon duftet es nach Weihnachten.*

250 g Butter
250 g Zucker
125 g Zuckerrübensirup
8 g Pottasche in 1 TL warmem Wasser aufgelöst
4 g Zimt, gemahlen
4 g Nelken, gemahlen
2 g Ingwer, gemahlen
2 g Piment, gemahlen
65 g blanchierte Mandeln (Bioladen)
500 g Mehl

Ergibt ca. 150 Stück
Zubereitungszeit: ca. 60 Minuten

So geht's:

1. Butter, Zucker und Sirup in einem Topf unter Rühren kurz aufkochen lassen. Dann vom Herd nehmen, Gewürze zugeben und gut vermischen. Die Masse ganz auskühlen lassen. Mandeln grob hacken und mit dem Mehl zur Butter-Zucker-Masse geben. Alles zu einem glatten Teig kneten.
2. Den Teig zu 4 cm dicken Rollen verarbeiten, in Frischhaltefolie einwickeln und für 3-4 Stunden in den Kühlschrank legen, bis sie ganz hart sind.
3. Die Rollen von der Frischhaltefolie befreien und mit einem scharfen Küchenmesser quer in 3 mm dicke Kekse schneiden. Den Ofen auf 180 Grad Ober-/Unterhitze vorheizen.
4. Backbleche mit Backpapier auslegen und die Kekse darauf verteilen. Lassen Sie ein bisschen Abstand zwischen den Keksen, sie fließen ein wenig aus. Die Kekse ca. 10 Minuten backen. Sie müssen nach dem Backen ganz kross sein.

Norwegische »Klejner«

Die in Dänemark beliebten norwegischen Klejner können leicht mit »normalen« Klejner verwechselt werden, die es in vielen nordischen Ländern gibt. Das Besondere dieser Variante ist die Zubereitung aus Hefeteig.

Dieses Rezept stammt von meinem Großvater, der ein dänischer Bäcker war und mit Leidenschaft und »echter« Handarbeit seiner Arbeit nachgegangen ist – das hat man auch geschmeckt.

1 Würfel frische Hefe
150 ml Milch (3,5 % Fett)
100 g weiche Butter in Stücke geschnitten
2 Eier (M)
2 TL gemahlener Kardamom
500 g Mehl (Typ 405)
½ TL Salz
50 g Zucker

Palmin oder anderes Pflanzenfett zum Kochen

150 g Puderzucker und Zitronensaft für den Guss

Ergibt ca. 20 Stück
Zubereitungszeit: 90 Min.

So geht's:

1. Die Hefe in lauwarmer Milch auflösen. Mit den restlichen Zutaten (bis auf Palmin und Puderzucker) in eine Schüssel geben und alles zu einem glatten Teig kneten. Den Teig ca. 1 Stunde bei Zimmertemperatur abgedeckt gehen lassen.
2. Den Teig auf einer bemehlten Arbeitsfläche mit dem Nudelholz ca. 1 cm dick ausrollen und dann in ca. 4 x 12 cm^2 große, viereckige Stücke schneiden. In die Mitte eines jeden Stückes einen kleinen Schlitz schneiden (wie bei einem Knopf-

loch) und dann das untere Ende hindurchziehen. Die Klejner ca. 30 Minuten ruhen lassen.

3. Das Fett in einem Topf erhitzen. Einen Holzstab hineinhalten, um die Temperatur zu prüfen. Wirft das Fett rund um den Stab Bläschen, ist es heiß genug. Die Klejner von beiden Seiten je eine Minute darin portionsweise ausbacken, bis sie goldbraun sind. Dann rausnehmen und auf Küchenpapier abtropfen lassen.
4. Puderzucker mit Zitronensaft in eine Schüssel geben, zu einem dicken Guss verrühren und die Klejner damit bestreichen.

Die norwegischen Klejner schmecken am besten, wenn sie frisch sind. Man kann sie aber auch einfrieren und kurz in der Mikrowelle warm machen. Den Guss immer erst kurz vor dem Servieren auftragen.

Semlor

Das sind schwedische Festtagsbrötchen, die es ursprünglich während der Faschingszeit gab. Heutzutage jedoch gibt es sie mehr oder weniger das ganze Jahr über. In Dänemark gibt es die Faschingsbrötchen entweder als Milchbrötchen mit einer Vanillecreme, die in den Brötchen mit gebacken und dann mit Zuckerguss verziert wird, oder Blätterteigbrötchen, die in der Mitte durchgeschnitten sind und dann mit Marmelade und Sahne gefüllt werden. Diese leckeren Semlor fallen genau zwischen die beiden dänischen Sorten: Milchbrötchen mit einer cremigen Marzipan-Butterfüllung und Sahne.

Für die Brötchen:
300 ml Milch (3,8 % Fett)
100 g Butter
1 Würfel frische Hefe
100 g Zucker
1 TL Salz
2 TL Kardamom, gemahlen
1 Ei (M)
ca. 600 g Weizenmehl (Typ 405)
½ TL Hirschhornsalz

Füllung:
200 g Marzipan
40 g Zucker
40 g Butter (weich)
Evtl. 1 TL Zimt oder Kardamom
40 g Milch
Brötchen

Zum Verzieren:
500 ml Sahne (32 % Fett)
50 g Puderzucker

Für 14 Stück
Zubereitungszeit: 60 Minuten + 60 Minuten ruhen lassen + 15 Minuten backen

So geht's:

1. Milch in einem Topf bei schwacher Hitze lauwarm erwärmen. Butter in der Mikrowelle oder in einem kleinen Topf schmelzen. Milch in eine Schüssel geben und Hefe, Zucker, Salz und Kardamom unterrühren, bis sich die Hefe aufgelöst hat. Das Ei zugeben und mit dem Schneebesen verrühren. Mehl mit Hirschhornsalz in einer Schüssel vermengen und nach und nach abwechselnd mit der Butter zu der Milchmasse geben. Mit einem Holzlöffel den Teig gut durchrühren – der Teig lässt sich nicht kneten. Die Schüssel mit einem Tuch abdecken und 30 Minuten an einem warmen Ort gehen lassen.
2. Ein Backblech mit Backpapier belegen. Auf einer bemehlten Arbeitsfläche den Teig kurz durchkneten und in 14 gleich große Stücke teilen. Die Stücke zu runden Brötchen formen und auf das Backblech setzen. Die Brötchen mit einem Tuch abdecken und an einem warmen Ort 30 Minuten gehen lassen.
3. Den Ofen auf 225 Grad vorheizen (Umluft 200 Grad), die Brötchen mit Wasser bepinseln und im Ofen (Mitte) ca. 15 Minuten backen.
4. Wenn die Brötchen abgekühlt sind, das obere Teil wie einen Deckel abschneiden und zur Seite legen. Von jedem Brötchen ungefähr 1 EL Brotkrümel aus der Mitte entfernen und zur Seite legen (für die Füllung).
5. Alle Zutaten für die Füllung in eine Schüssel geben und mit dem Handrührgerät oder einfach mit einer Gabel verrühren.
6. Sahne in eine Schüssel geben und steif schlagen und in einen Spritzbeutel mit Lochtülle geben. Alternativ in einen Gefrierbeutel geben und die untere Spitze abschneiden.

7. Auf die untere Brötchenhälfte ca. 1 EL Füllung geben. Die Sahne auf den Rand sprühen und den Deckel vorsichtig wieder drauflegen. Puderzucker in ein kleines Sieb geben und die fertigen Brötchen damit bestäuben.

»Wir pusteten die Kerzen aus und stellten uns ans Fenster und schauten in die dunkle Nacht hinaus, um zu sehen, wie das neue Jahr angefahren kam.«

ASTRID LINDGREN: »DIE KINDER AUS BULLERBÜ«

Literatur

V. Adamsson, A. Reumark, T. Cederholm, B. Vessby, U. Risérus und G. Johansson (2012): What is a healthy Nordic diet? Foods and nutrients in the NORDIET study. In: Food an Nutrition Research 2012 56: 18189. URL: http://www.ncbi.nlm.nih.gov/pmc/articles/PMC3386552/ (Stand: 10.02.2014)

Georges Desrues (2013): Hummer auf Seegras und Moltebeeren. In: *Slow-Food-Magazin* Nr. 2 (2013), S. 30 f.

Trina Hahnemann (2010): The Scandinavian Cookbook, Quadrille Publishing Limited, London

J. Helliwell, R. Layard und J. Sachs (Hrsg.): World Happiness Report. URL: http://www.earth.columbia.edu/sitefiles/file/Sachs%20Writing/2012/World%20Happiness%20Report.pdf (Stand 10.02.2014)

Astrid Lindgren (1998): Wir Kinder aus Bullerbü, Verlag Friedrich Oetinger, Hamburg

Astrid Lindgren (1999): Die Kinder aus Bullerbü, Verlag Friedrich Oetinger, Hamburg

Sonja Schleutker-Franke: Eiskalte Leidenschaft. Winterschwimmen im schwedischen Skelleftea. URL: http://swim.de/magazin/open-water/winterschwimmen-im-schwedischen-skelleftea-21085 (Stand: 06.04.2014)

Philippa Stasiuk: EARLY NATURE LESSONS IN DENMARK'S FOREST PRESCHOOLS. URL: http://

denmark.dk/en/meet-the-danes/forest-preschools/ (Stand 30.07.2013).

Bildnachweis

Umschlag: Hintergrund: fotolia, Nr. 45348750, credit: jimmycarrington3 - Fotolia.com; Blumen & Schuhe: plainpicture, Nr. p528m672692f (RF), credit: plainpicture/Etsa; Kuchen: plainpicture, Nr. p5280152f (RF), credit: plainpicture/ Etsa; Mädchen: plainpicture, Nr. p31213749f (RF), credit: plainpicture/Johner; Kissen: plainpicture, Nr. p312m695373 (RM), credit: plainpicture/Johner; Haus: plainpicture, Nr. p4060472 (RM), credit: plainpicture/clack.
Rezeptfotos: Udo Einenkel, DIY-Fotos: Stefan Steinbach
Fotolia: 115 (Tkemal Baş)
iStockphoto, Calgary, Canada: 11 (Rhoberazzi), 70 (Sasha Radosavljevic), 110 (DNY59), 177 (Knape)
LOOK, München: 9, 12, 139 (age fotostock), 15 (Axiom), 19, 23, 27, 50, 53, 56 (NordicPhotos), 63 (Bethel Fath), 94 (Bernard van Dierendonck), 97 (Jan Greune), 98, 112 (Hauke Dressler), 136 (Frank van Groen), 144 (Karl-Heinz Raach)
Photodisc: 106 (Janis Christie)
Shutterstock Images, New York: 59 (Mazzur), 68 (Gts), 91 (Kati Molin)

Zitatnachweis

S. 10: Astrid Lindgren, *Wir Kinder aus Bullerbü*, S. 110, Verlag Friedrich Oetinger, Hamburg 1998
S. 13: Astrid Lindgren, *Die Kinder aus Bullerbü*, S. 141, Verlag Friedrich Oetinger, Hamburg 1999
S. 20: Astrid Lindgren, *Wir Kinder aus Bullerbü*, S. 57, Verlag Friedrich Oetinger, Hamburg 1998
S. 51: Astrid Lindgren, *Wir Kinder aus Bullerbü*, S. 20, Verlag Friedrich Oetinger, Hamburg 1998
S. 95: Astrid Lindgren, *Wir Kinder aus Bullerbü*, S. 66, Verlag Friedrich Oetinger, Hamburg 1998
S. 137: Astrid Lindgren, *Wir Kinder aus Bullerbü*, S. 74, Verlag Friedrich Oetinger, Hamburg 1998
S. 177: Astrid Lindgren, *Die Kinder aus Bullerbü*, S. 117, Verlag Friedrich Oetinger, Hamburg 1999

Rezeptregister